FOREST

THE ERROR OF BEING

ION CARAION was born in a Romanian village in 1923 and died in exile in 1985 at Lausanne. His education and his literary debut took place in Bucharest, where his life in journalism unfolded under three dictatorships, King Carol II, Fascism and Communism. He was persecuted under all three. His open and stubborn unwillingness to compromise in 1951 led to his being arrested with his wife. He was sentenced to death and after two years the sentence was commuted to eleven years in labour camps. He was eventually freed in 1964. He wrote eighteen books of poetry, two of which were for children. He also published seven books of prose (mostly essays).

MARGUERITE DORIAN's work includes three novels, poetry, criticism, poetry translation and fiction for *The New Yorker* and other magazines. A native of Bucharest, she now lives in Providence, Rhode Island, USA.

ELLIOTT B. URDANG, M.D. is a child psychiatrist. His translations with Marguerite Dorian from Romanian poetry have appeared in *Mundus Artium*. He lives in Providence, Rhode Island, USA.

ION CARAION s-a născut într-un sat din România în 1923 şi a murit în exil la Laussane în 1985. Şi-a făcut educaţia şi debutul literar la Bucureşti, unde activitatea sa de ziarist s-a desfăşurat sub trei dictaturi: a regelui Carol II, dictatura fascistă şi cea comunistă. A fost persecutat sub toate aceste trei dictaturi. Refuzul său făţiş şi încăpăţînat de a face compromisuri a făcut să fie arestat în 1951 împreună cu soţia sa. A fost condamnat la moarte, dar, după doi ani, sentinţa i-a fost comutată la unsprezece ani de detenţie într-un lagăr de muncă forţată. În 1964, a fost în cele din urmă pus în libertate. A scris opt volume de versuri, dintre care două pentru copii. A mai publicat şi opt volume de proză (în special eseuri).

Opera MARGUERITEI DORIAN cuprinde trei romane, poezie, critică, traduceri de poezii şi proză publicate în revista *The New Yorker* şi în alte periodice. Născută la Bucureşti, locuieşte acum în oraşul Providence, Rhode Island, USA.

ELLIOTT B. URDANG este medic specialist în psihiatrie pentru copii. Traducerile sale de poezie românească, realizate împreună cu Marguerite Dorian, au apărut în *Mundus Artium*. Locuieşte în oraşul Providence, Rhode Island, USA.

ION CARAION

# Greşeala de a fi	# The error of being
Poeme	Poems

EDITURA
FUNDAŢIEI
CULTURALE
ROMÂNE

FOREST
BOOKS
London & Boston

Traducere in engleză
de MARGUERITE DORIAN
şi ELLIOTT B. URDANG

English translation by
MARGUERITE DORIAN
& ELLIOTT B. URDANG

PUBLISHED BY
FOREST BOOKS

20 Forest View, London E4 7AY, UK
P. O. Box 312 Lincoln Centre, MA 01773, USA

FIRST PUBLISHED 1994

Typeset and printed by
the Romanian Cultural Foundation,
Bucharest, Romania

British Library Catalogue in Publication Data:
A catalogue record for this book
is available from the British Library

Library of Congress Catalog Card No:
93–71946

Forest Books gratefully acknowledge the financial support for this
publication from the Romanian Cultural Foundation

ISBN 1 85610 030 8

CONTENTS

PREFACE

"Poetry has remained pure danger" – *poezia a rămas primejdie pură*. Rarely does a line from a poet's text illustrate his own life with such sad eloquence. Poetry as danger, as risk, runs like a thread through Ion Caraion's biography. Scattered throughout his poems, fragmented in his commentaries and completed by occasional appearances he makes in the prose of his contemporaries and by the interviews he gave abroad after his emigration, Caraion's biography testifies to a poet's life lived mostly in danger, in taking risks.

He was born in that corner of Europe Czeslaw Milosz called "a blank spot on the literary map of Europe" and – in the eyes of the West – a place with a vague geography and an unknown culture, but where "the extraordinary and lethal events that occurred there have made poetry a participant in mankind's transformations" (*The Witness of Poetry,* Harvard Univ. Press, 1983). Caraion himself, in an interview given to the Swiss poet Vahé Godel (1982, *Tribune de Genève*), takes Milosz's comment even further. He defines the poetry of his generation of Romanian poets: "The second world conflict... has produced a hiatus in Romanian poetry (a remarkable poetry, between the two world wars, through Tudor Arghezi, Ion Barbu, Lucian Blaga, Ion Vinea – at home; interesting through Benjamin Fondane, Tristan Tzara and Ilarie Voronca – abroad). Orientations and themes, the responsibilities and the risks" (always poetry as risk!) "of the new poetry which was being born just when a world was dying... were totally different. Without rejecting our predecessors, we were no longer theirs and they were no longer ours... The instability brought by all types of totalitarism, from one extreme to another, meant for me, as a poet, to assume the risk of defending the freedom of my writing with the price of my life..This is what sets apart my own poetry and the poetry of my contemporaries from the one of my – extremely talented – predecessors..."

More specifically, Ion Caraion was born in a Romanian village, "a village like a boil", which has entered his poetry in many ways and which he evokes directly only once, without nostalgia, with a sort of harsh tenderness and a transfigured realism: a colourful and cruel place where "a viper was pulled from the withers of a cow" ... "and we heard nests of mice squeaking in the living lard of the pigs"; with its people and its eros "...when vats of brandy

began to steam/sending the village reeling and the women's full, bulging thighs/ would fill with children like combs with honey..."; and with the disasters of war: "...men, grown mad with hunger... on all fours, grazing/meek, slavering through wild garlic groves." A place Caraion soon left behind to get an education, in adverse circumstances – extreme poverty and lack of understanding from his family, who, like the family of young Rilke, had destined him to a military career. Instead, the young poet made his way, very early, into the literary world of a Bucharest in full war,and to a leading place in journalism. Like the life and work of his entire generation – his life unfolded under three dictatorships changing in rapid succession, King Carol II, Fascism and Communism; but Caraion in particular succeeded in being persecuted under all three. *Panopticon,* his debut volume of poetry, which puts culture and history on trial with the histrionic gesture of youth, borrowing, at times, the vocabulary and posture of Surrealism – was suppressed by censorship. He witnessed the war at its start, on the front lines. Returned to his desk in a city under German occupation, he was soon summoned to the Gestapo's headquarters for his anti-German articles and had to go into temporary hiding. And finally, at the end of the war, lucid after a brief interlude of work and hope, he resigned from his editorial job at *Scînteia Tineretului,* the journal of the Communist Youth Union. For his open and stubborn unwillingness to compromise, particularly for his articles on the crisis of culture under the new regime, he was arrested together with his wife. Valentina Caraion was sentenced to five years of prison for having typed his poetry. Ion Caraion was sentenced to death and, in a solitary cell, awaited for two years the moment of his execution:

> *Where are they taking you, sir?*
> *To the garden, sleep.*
> *To do what, sir?*
> *To shoot me, sleep.*
> *Because they have bullets, sir?*
> *Because they have time, sleep.*
> ....
> (Nobody's Who I Have)

The sentence was commuted to forced labour, and for eleven years he was dragged through the worst extermination camps of Gheorghiu-Dej's regime. Freed in the political thaw of 1964, his manuscripts destroyed, watched closely and suspiciously, published only with great difficulty, Caraion went into self-exile with his family and settled in Lausanne. The years of exile were the last four years of his life – he died in 1985 – but they

were a time of feverish literary activity. As the magnetic centre of a group of writers and friends, Caraion founded several international poetry magazines (*Don Quichotte, Correspondances,* with Lucian Grigorovitsch; *2 plus 2,* with James Gill), worked, reviewed, translated and wrote poems until the last day of his life.

But "poetry remained pure danger" not only because of Caraion's quarrel with history. The role poetry plays in this corner of Europe as participant and witness is larger than the one of poetry of dissent. When, in the Romanian prisons and camps, the prisoners exchanged their personal treasures of memorized poetry – Romanian and foreign, together with the poetry of so many imprisoned poets who continued to "write" – poetry proved its role as companion of man. It became the only personal possession that could be retained and traded without the risk of being beaten up. The writing of poetry, in a culture which experiences poetry as an art and a necessity, heightens the risks of the act, brings about a taste of urgency and danger which is the making of the poem itself.

> *I call and chase it out   fore-feel*
> *and drive out its electrical sadistic fulminations*
>
> *Oh! like the blizzard*
> *I fear and move toward*
> *the poem which will blast me*
> *which will rain   which*
> *will burn and freeze me over*
> ....
> *craving and dread of the poem*
> *that comes like a leaving from every place*
> ....
> *sound paradise bones hiding defeat time*
> *when dispossession and possession begin*
> *and the abyss's wager*
> ....

(just tomorrow)

This kind of danger was for Caraion his only rationale for being, the justification of his existence.

Fractured suddenly in 1948 by his arrest and long detention in camps and prisons and by its aftermath, Caraion's work does not lend itself easily to a

survey. Not only the conditions in which it happened elude the grasp of our mind, but there is no objective way to follow a chronology, since some of his poems were written (that is, composed and memorized, for he was denied pen and paper) in prison, and revised for publication later. The poems are not dated and some were published repeatedly in different collections at different times. But we could point out a fundamental difference between his later poems and the early ones: the youthful gestures of accusation, the pageant of words, the diatribe, the round dance of carnival masks recede. The retreat into the self is repeatedly spelled out: "The snow that never snows...the earth has eaten its own wells... close up heart as/the soul of the dead chokes with sleep... the ponds suck in the season... the eyes/turned inward to eat up their tears". And just the way silence enters the later poetry of Paul Celan – who was a friend and whose poetry Caraion had translated, a kinship Caraion himself had mentioned – the same silence begins to add itself to the spaces between words and finally begins to eat into the words themselves. The poem becomes a place where everything, memories, ideas, obsessions, conclusions of long meditations carried on in silence intersect, cancel or support each other, insinuate, whisper or howl. The experience they bring up again and again is the experience of "anti-history". What we can glimpse through the small aperture of these, at times inaccessible, poems is hopeless and frightening. Caraion becomes his own "man of tears   man of rains" wandering in an apocalyptic "landscape of parable/with dry blood." Yet the universe of these later poems, criss-crossed by tunnels of menacing silences, remains as vast as his earlier one. Spaciousness is one of the coordinates of Caraion's poetry, a vastity which refers just as well to time, to history, to the succession of the ages of the earth. It extends to the genesis of myth to become contemporary with Creation. Mankind is: "Fruit that burst into cosmos/For the first and last time" and "We are travelling among moon-befuddled fishes/skirting the virginity of matter", while the poet himself feels that: "I am older than the earth/and sadder than genesis".

Perhaps what makes Caraion's work more powerful than a poetry of destruction and of total denial, what holds him together in that descent into his limbo of dejection, is the memory of purity, of an innocence which he knew but is no longer possible. And this is also what permits him, at times, a love poem like *The Late One from the Realm of the Winds,* even if love and loving only connect him once more, through a different cable, with the great solitude of the world and prolong and amplify his own isolation. The refusal to search or hope for that lost purity is categorical and often handled with cruelty and anger, not only because "I look at the world from the

perspective of a macabre comedy...and feel alone and greatly distanced from places, people and oblivion..." (as he has repeatedly stated), but also because, instinctively, Caraion knows that the source of his poetry is in his collision with a sick and crooked reality he cannot accept. He renews his wounds each time they would try to heal, tearing at them, relentless, adamant.

> *...in the world of hope*
> *in the mountains and the grass the stones split*
> *the green bursts through the cracks*
>
> *like venom*
> *from an absent or rotten belly*

Poetry will miss this presence and its immense creative energy which, in eighteen books of essays and criticism, strived continuously to put on the literary map of Europe the work of his generation and of the younger poets. Ion Caraion's friends – and probably his enemies too, for his appetite for the literary polemic was boundless – will continue to miss his short and compact presence which thrived on the stale air of editorial offices, like a strange, etiolated creature feeding secretly at night on words and letters. They will miss the extraordinary gaze which observed you, while the wheels and levers of a great intelligence turned and worked and, at times, spilled its liquid intensity and filled with the pain of memory the entire orbit; his anger, built step by step, methodically, climbing the Byzantine scaffold of his suspicious sensitvity educated in the midst of lies and corruption; and that giant I of his signature, crafted by his immense pride and crowned pedantically with its dot (a mere i raised to the rank of a royal paraph), with which he would inscribe for a friend a new book, with surprising cajolery and with tenderness for both, book and friend. His importance as a European poet will grow with time as the translation of his poetry progresses – not only because his work puts poetry in the witness stand. But also because, as André Gide had said about Henry Michaux's work – a poet who is often mentioned in the presence of Caraion's poetry for their common passion for the word – "he made us feel intuitively the strangeness of normal things and the normality of strange things".

Marguerite Dorian

PREFAȚĂ

"Poezia a rămas primejdie pură." Rareori poate un singur vers să ilustreze cu o elocvență atît de dramatică întreaga viață a poetului care l-a scris. Poezia primejdie, poezia risc trece ca un fir prin biografia lui Ion Caraion. Risipite prin propriile poezii, fragmentate în comentariile pe care le-a scris, completate de proza contemporană lui, în care apar uneori datele biografice ale lui Caraion refac viața unui poet trăită aproape tot timpul în pericol, riscînd.

S-a născut în acel colț european pe care Czeslaw Milosz îl numește "o pată albă pe harta literară a Europei" și care pentru apusul Europei reprezintă un ținut cu o geografie vagă și o cultură necunoscută, dar "unde evenimentele extraordinare și ucigașe care au avut loc au făcut poezia să participe la transformările umanității" (*The Witness of Poetry*, Harvard Univ. Press, 1983). Caraion însuși, într-un interviu cu poetul elvețian Vahé Godel (1983, *Tribune de Genève*), dezvoltă în continuare comentariul lui Milosz, cînd definește poezia generației lui în România: "...Al doilea conflict mondial... a produs un hiatus în poezia românească (remarcabilă între cele două războaie prin Tudor Arghezi, Ion Barbu, Lucian Blaga, Ion Vinea, acasă, interesantă prin Tristan Tzara, Benjamin Fondane, Ilarie Voronca, în străinătate). Mesajele, orientările, temele, răspunderile și riscurile noi ale poeziei care începea atunci să se nască... erau cu totul altele. Fără a ne renega înaintașii, noi nu le mai aparțineam și ei nu ne mai aparțineau... Destabilizarea pe care au adus-o în toate domeniile toate tipurile de totalitarism, de la o extremă la alta, a însemnat pentru mine ca poet asumarea riscului de a-mi apăra libertatea scrisului cu prețul vieții... Este cu precizie ceea ce a delimitat și delimitează poezia mea de aceea a precursorilor și contemporanilor mei, unii de altminteri foarte talentați..."

Mai precis, Ion Caraion s-a născut într-un sat românesc ("M-am născut într-un sat ca o bubă") care a intrat în poezia lui sub diferite aspecte și pe care îl evocă direct numai o dată, fără nostalgie, cu o tandrețe aspră și un realism transfigurat, o lume colorată și crudă unde "o năpîrcă/ a fost scoasă din greabănul vacii lui Zimb..." și unde "s-auzeau chițăind / cuiburi de șoareci sub șoriciul viu al porcilor"...; o lume cu erosul ei "...cînd fumegau cazanele / cu țuică, de se-mbăta satul, iar dolofanele, / bulbucatele coapse de muieri se umpleau de copii ca fagurii de miere/"; și cu dezastrele

războiului: "...cînd au fost găsiţi mocîrţanii în patru labe păscînd / prin pădurea leurdă, le curgeau balele blînd / începură a uita să vorbească, / înnebuniseră de foame..." Un sat pe care Caraion îl lasă curînd în urmă pentru o educaţie la oraş în circumstanţe adverse – sărăcia şi lipsa de înţelegere din partea familiei care, ca părinţii adolescentului Rilke, îl destinase unei cariere militare. Tînărul poet îşi face însă repede drumul în fruntea jurnalismului şi a lumii literare a unui Bucureşti în plin război. Viaţa lui, ca de altfel viaţa întregii lui generaţii, se desfăşoară sub succesiunea rapidă a trei dictaturi: Carol II, fascism şi comunism. Caraion reuşeşte să fie persecutat deopotrivă sub toate trei regimuri. Volumul de debut, *Panopticum* – în care, cu gesticulaţia histrionică a tinereţii, adesea împrumutînd postura şi vocabularul surealismului, poetul cheamă la judecată istoria şi civilizaţia întregului veac – e suprimat de cenzură.

Martor al războiului în prima linie a frontului, reîntors apoi la masa de lucru, într-un oraş sub ocupaţie germană, Caraion e chemat la biroul Gestapoului pentru articolele anti-germane pe care le publică şi, ameninţat cu moartea, trebuie să se ascundă. Finalmente, după război, lucid după un scurt moment de speranţă şi muncă optimistă, îşi dă demisia din postul de editor la *Scînteia tineretului*. Pentru refuzul încăpăţinat de a accepta compromisuri, în special pentru articolele despre criza culturii, pe care le semnează, Caraion este arestat împreună cu soţia lui. Valentina Caraion este condamnată la cinci ani de închisoare, pentru vina de a-i fi transcris poemele la maşină. Ion Caraion e condamnat la moarte. Într-o celulă izolată, îşi aşteaptă timp de doi ani clipa execuţiei:

> – *Und'vă duce, domnule?*
> – *În grădină, somnule.*
> – *Ce să faceţi, domnule?*
> – *Să mă-mpuşte, somnule.*
> – *Că au gloanţe, domnule?*
> – *Că au vreme, somnule.*
> ....
> (am pe nimeni)

Sentinţa e comutată la muncă silnică pe viaţă şi, timp de unsprezece ani, Caraion trece prin cele mai grele lagăre de exterminare ale regimului Gheorghiu-Dej. Eliberat în dezgheţul din 1964, "reabilitat" dar suspectat şi strîns supravegheat, cu manuscrisele distruse, publicat cu greutate, Caraion ia drumul exilului, stabilindu-se cu familia la Lausanne. Cei patru ani de exil şi ultimii de viaţă (Ion Caraion moare în 1985) sunt o intensă perioadă creativă în care devine centrul magnetic al unui cerc de scriitori şi prieteni,

creează şi publică cîteva caiete de poezie internaţională (*Don Quichotte, Correspondances* with Lucian Grigorovitsch, *2 plus 2* with James Gill), traduce şi scrie poezie pînă în ultima zi a vieţii.

Dar "poezia rămîne primejdie pură", nu numai din pricina gîlcevei lui Caraion cu istoria, ci şi datorită rolului pe care poezia îl joacă în acest colţ de Europă, rol activ de martor şi participant, şi care e mai cuprinzător decît acela de poezie disidentă. În închisorile şi lagărele din România, poezia memorizată – din literatura română sau străină, împreună cu poemele altor poeţi încarceraţi care continuau să scrie – făcea parte din comorile personale ale deţinuţilor torturaţi de absenţa cărţilor. Recitată camarazilor de celulă, ea devine singurul bun personal care poate fi păstrat ilegal, fără riscul de a fi bătut, şi o valoare de schimb care poate cumpăra cîteva momente de consolare. Într-o cultură în care experienţa poeziei e deopotrivă artă şi necesitate, creaţia ei e un act transfigurat, imperios, aducînd cu el întotdeauna, în orice împrejurare, sentimentul riscului care, după Caraion, e organic legat de existenţa poemului:

> *îl chem şi gonesc   presimt*
> *şi-alung electricele-i descărcări sadice*
>
> *o! ca de viscol*
> *mi-i frică şi mă duc spre*
> *poemul care o să mă bîntuie*
> *care o să plouă   care*
> *o să ardă şi o să îngheţe peste mine*
> *......................*
> *şi înăuntrul căruia*
> *am să îngheţ*
> *......................*
> *poftă şi frică de poem*
> *care vine ca o plecare din toate părţile*
> *......................*
> *sunetul raiul oasele ascunderea eşecul timpul*
> *cînd începe disposesia şi posesia*
> *şi pariul abisului*
> *......................*
>
> (decît mîine)

Acest fel de primejdie a fost, pentru Ion Caraion, singura justificare a existenţei.

Întreruptă brusc în 1948 de arestare, apoi de lunga detenţie în lagăre şi închisori şi de urmările lor, opera lui Caraion nu se deschide uşor unui comentariu. Nu numai condiţiile în care a fost scrisă sunt cu greu imaginate de o minte omenească, dar nu avem, obiectiv, posibilitatea de a-i urmări cronologia. Unele poeme au fost scrise în închisoare (de fapt compuse şi memorizate, creionul şi hîrtia fiindu-i interzise) şi revăzute mai tîrziu pentru tipar. Poemele nu au date şi unele au fost publicate de mai multe ori în diferite culegeri. Se observă însă uşor o diferenţă fundamentală între poemele din tinereţe şi cele de maturitate. Gestul adolescent, acuzarea emfatică, spectacolul cuvintelor, diatriba, hora măştilor de carnaval se depărtează. Retragerea în sine e comunicată cu o claritate crescîndă: "Zăpada care nu ninge niciodată ... pămîntul şi-a mîncat fîntînile ... închide-te, inimă-n tine / fără turn, fără semne... bălţile sug înăuntru anotimpul... ochii / întorşi ca să-şi mănînce lacrimile..." Tăcerea care pătrunde în poezia lui Paul Celan – un prieten a cărui poezie a tradus-o şi cu care îşi găseşte o înrudire, după cum Caraion însuşi menţionează – aceeaşi tăcere se adaugă acum spaţiilor dintre cuvinte şi sfîrşeşte prin a le consuma. Poemul devine locul unde tot şi toate – amintiri, obsesii, idei, concluziile unor lungi, întunecate meditaţii – se întretaie, se anulează sau se sprijină între ele, insinuează, şoptesc sau urlă. Experienţa pe care ne-o oferă poezia lui Caraion iar şi iar devine "experienţa antiistoriei". Ceea ce se zăreşte prin apertura îngustă a acestor poeme – cîteodată inaccesibile – înspăimîntă şi e fără nici o speranţă. Caraion însuşi devine "omul de lacrimi, omul de ploi" rătăcind într-un "peisaj de parabolă / cu sînge uscat". Universul lor rămîne însă tot atît de ameţitor de spaţios ca în poemele tinereţii. Vastitatea e una din coordonatele permanente ale poeziei lui Ion Caraion, o vastitate care se referă nu numai la spaţiu, ci totodată şi la timp, la istorie, la succesiunea vîrstelor pămîntului, atingînd geneza şi mitul, ca să devină contemporană cu Creaţia. Oamenii sunt "fructe ivite în cosmos / unica şi ultima oară" şi "călătorim printre peştii zăpăciţi de lună / atingînd virginităţile materiei", iar poetul însuşi e "mai bătrîn decît pămîntul / şi mai trist decît geneza."

Ceea ce face însă opera lui Caraion mai viguroasă decît o poezie a distrugerii şi a negării totale, ceea ce îl susţine, poate, în acea coborîre în infern, este memoria purităţii, a unei inocenţe ştiute o dată dar care nu mai e posibilă. Ea îi dăruie uneori creaţia unui poem de dragoste ca *Tîrzia din ţara vînturilor,* chiar dacă dragostea nu face decît să-i reconfirme legătura, printr-un cablu diferit, cu marea singurătate a lumii, prelungind şi amplificîndu-i propria izolare. Refuzul poetului de a căuta sau a spera în acea puritate pierdută e însă categoric şi adesea exprimat cu furie şi cruzime, nu numai pentru că, "Privesc lumea din perpesctiva unei comedii macabre... şi mă simt singur, la o mare depărtare de locuri, oameni, uitare..." (după cum

18

a declarat în repetate rînduri), dar şi pentru că, instinctiv, Caraion ştie că sursa poeziei lui e în colizia cu realitatea strîmbă şi bolnavă pe care refuză să o accepte şi în rănile pe care, necruţător, şi le reînnoieşte singur, sfîşiindu-le ori de cîte ori încearcă să se cicatrizeze.

> *...în lumea speranţei*
> *plesneau pietrele în munte şi iarbă*
> *ieşea printre crăpături verde*
> *ca veninul*
> *dintr-un pîntec absent ori descompus...*

Poezia europeană va simţi lipsa acestei energii creatoare care a dat 18 volume de versuri şi critică, continuînd neobosită să însemne pe harta literară a Europei opera generaţiei lui. Prietenii – dar probabil şi inamicii lui, căci apetitul lui Caraion pentru polemica literară era uriaş – vor continua să simtă lipsa prezenţei lui, mărunte şi îndesate, care înflorea în aerul stătut al birourilor editoriale, ca o creatura stranie, etiolată, hrănindu-se noaptea, pe furiş, cu cuvinte şi litere; ca şi lipsa acelei extraordinare priviri care te observa îndelung, în timp ce pîrghiile şi roţile unei mari inteligenţe se învîrteau şi lucrau; lipsa chiar şi a mîniei poetului, clădită meticulos, pas cu pas, urcînd schelăria bizantină a unei sensibilităţi suspicioase, educate în mijlocul minciunii şi corupţiei; ca şi lipsa acelui I uriaş al semnăturii lui trasat cu imens orgoliu, încoronat pedantic cu un punct – un simplu i ridicat la rangul de parafă regală – cu care semna pentru un prieten, pe o carte nouă, rînduri de o surprinzătoare, zburdalnică tandreţe, atît pentru prieten cît şi pentru carte. Prezenţa lui Ion Caraion în poezia europeană va creşte cu timpul pe măsură ce opera lui va fi tradusă – nu numai pentru că ea devine o mărturie; dar – după cum spunea André Gide despre poezia lui Henri Michaux, un poet deseori menţionat în prezenţa lui Caraion, pentru o comună pasiune a spectacolului cuvintelor – şi pentru că "ne face să simţim intuitiv straniul lucrurilor normale şi normalitatea lucrurilor stranii".

Marguerite Dorian

I am more unhappy than unhappiness.
I entered death too late
to run short of life –
I'm leaving. And I still had so many
                          things to do ...
I had just begun the world.
I had just divided the chaos.
I needed a few more centuries...

Sunt mai nefericit decît nefericirea.
Am venit prea tîrziu în moarte
ca să-mi ajungă viaţa –
Plec. Şi mai aveam atîtea de făcut...
Abia începusem lumea.
Abia despărţisem stihiile.
Îmi trebuiau încă vreo cîteva secole...

POEMS
POEME

Suveranitate

sub cît scrum de lumină gînditoare
sub cîtă   monedă a morţii
lezată glorie   lavă senzuală   în realitate
el va fi devoratorul   viscerele muzicii
veneau din ţări îndepărtate şi cumpărau
cărţi   şi nimeni
nu mai citea în stele şi-n păsări

firimituri de furie auresc abisuri
şi nimeni   nimeni
n-auzea strigătele   semnificaţia
dispariţia semnificaţiilor

Sovereignty

under how much cinder of musing light
under how much   currency of death
bruised glory   sensual lava   in reality
he will be the devourer   the viscera of music
were coming from distant lands and buying
books   and nobody
any longer read the stars and the birds

crumbs of fury gild abysses
and nobody   nobody
heard the laments   the meaning
of the vanishing of meanings

Fetele trec rîul

Din generaţie în generaţie fetele trec rîul
cu fustele ghemotoc la piept ca un al treilea sîn
ţăndări se face lumina şi zuruie
frunzele-n apă   ale pădurii
prin care fiecare pasăre e-un oaspete orb
un clopot baroc
un mag un strugure un ibis un gong
mut

şi iată acel timp
cu botul de zăpadă
şi iată acea piatră
cu seism de stele şi rugăciune

cei ce aleg o asemenea tăcere sunt în fiecare lemn genunchii

trenul tăia liniştea ca un fierăstrău
un copil strîngea paradoxe în şapcă
pulpele fetelor farmecă apa diafană,   sădind

pe cer un al treilea sîn.

The girls ford the river

From generation to generation the girls ford the river
their skirts bunched up at the chest like a third breast
into shards the light and in the water
clink the leaves   of the forest
through which every bird a blind guest goes
a baroque bell
a magus a grape an ibis a gong
dumb

and here is that time
with its snout of snow
and that stone
with tremor of stars and prayer

those who choose such a silence are the knees within wood

the train cut the silence like a saw
a child gathered paradoxes in his cap
the girls' thighs charm the diaphanous water,   planting

a third breast on the sky.

Fotoliu gol

cu ciorapii în dinţi
viaţa curge cîineşte pe lîngă oasele Senei
cocotele ghemuie Parisul într-o minge
Iisus îşi vinde cuiele turiştilor

hai trupule   hai! eşti calul meu din fumul cojit
nu prea ştim ce-i toamna, ce-i mărarul...

fascinată pădurea dă buzna cu puii
în gura aligatorului
din crîşmă în crîşmă timpul ca o midinetă
se schimbă de pe-un genunchi pe altul

ca balamalele iernii
vor fi
oboselile

eşti calul meu, trupule
ne facem treburile şi-ntunericurile amîndoi
aşa cum putem   dii inimă dii, cară-mi sufletul

tot e-ntuneric

lăptarii nu mai au cretă

cine cui a rămas credincios?

Empty armchair

with socks in teeth
life flows dog-like along the bones of the Seine
the cocottes roll Paris up in a ball
Jesus sells his nails to tourists

come body   come! you are my horse of peeled smoke
we don't know too much about autumn, about dill...

fascinated the forest rushes with its chicks
into the alligator's mouth
from tavern to tavern, time, like a midinette
leaves one knee for another

like the hinges of winter
will lassitudes
be

you're my horse, body
together we run our errands and our glooms
best we can   gee-up heart, gee-up, lug my soul

it's dark anyway

the milkman ran out of chalk

who stayed faithful to whom?

acum ce ţi-aş mai spune despre acel fum
aşezat între noi ca un cîmp de morţi?

poezia face trotuarul
noroi

now what could I tell you of that smoke
settled between us like a field of dead men?

poetry solicits on street corners
mud

decît mîine

sunt stăpîn pe nimic   înfăşur
pe după gol zdrobirea a ceea ce
îmi lipseşte împlinindu-mă

îl chem şi gonesc   presimt
şi-alung electricele-i descărcări sadice

o! ca de viscol
mi-i frică şi mă duc spre
poemul care-o să mă bîntuie
care-o să plouă   care
o să ardă şi o să îngheţe peste mine
şi înlăuntrul căruia
am să îngheţ
am să mă carbonizez
mă voi înmuia descleia destrăma
împărţi rări pulveriza şi dispare
lămurind noul
templu şi noua pasiune a distrugerii

poftă şi frică de poemul
care vine ca o plecare din toate părţile
de afară şi dinăuntru   de
departe şi din imediat
ca punctul zero
ca izgonirea din eden   după
ce descoperi că n-ai fost unde

just tomorrow

I am master over nothing   I wrap
around a void the crushing of
that which I am in want of fulfilling myself

I call and chase it out   forefeel
and drive out its electrical sadistic fulminations

oh! like the blizzard
I fear and move toward
the poem which will blast me
which will rain   which
will burn and freeze me over
and in whose insides
I shall freeze
I shall carbonize
I shall grow soft come unstuck unravel
parcel myself out rarefy turn to dust and disappear
explaining the new
temple and the new passion for destruction

craving and dread of the poem
that comes like a leaving from every place
from outside and inside   from
the far and the immediate
like the zero point
like the expulsion from Eden   after
your discovery that you were not where

ai fost şi că
goală ţi-i acum închipuirea   goale
sunetul raiul oasele ascunderea eşecul timpul
cînd încep deposesia şi posesia
şi pariul abisului

nimic nu-i al meu din ce-mi aparţine

vin dintr-un spaţiu deslocuit
din lipsa de trepte şi de scări   jucăria
greşelii

you were and that
empty is your imagination now   empty are
sound paradise bones hiding defeat time
when dispossession and possession begin
and the abyss's wager

nothing of what belongs to me is mine

I come from a disinhabited space
from the lack of steps and stairways   the plaything
of mistake

Înăuntru

Călătorim printre lanuri, pe lîngă fîntîni depărtate şi păsări.
Cerul se îngîndurează către apus.
Aerul se îndulceşte.
Nu întotdeauna cuvintele au fost imponderabile.
Călătorim printre culoarea blănii de vulpe
şi pastoralele care se dau la o parte din calea constelaţiilor.

Dar măcar au fost vreodată?

Există cărări pe care urci spre singurătăţi
şi singurătăţi pestriţe ca pieţele năpădite de monede
       şi destine, de ouă şi de discursuri, de lăzi şi
       de escrocherii, de plăgi, icre, smîntînă,
       contracte sociale, bureţi.

Ca o pasăre uriaşă de lumină, soarele şi-a întins aripile pe
                                   străzi
şi regimentele trec peste ele.

Corăbii, vorbe
se preling în infinit.

Călătorim printre peşti marini zăpăciţi de lună,
pe lîngă virginătăţile materiei.

Nu întotdeauna de culoarea mirării au fost negoţurile.

Umbre – şi strigă cineva aşteptat.

Within

We are travelling through grain fields, passing distant wells
and birds.
The sky worries toward the West.
The air sweetens.
Not always were the words imponderable.
We are travelling through the fox pelt colour
and the pastorals rarely yielding to the course of constellations.

But did they ever exist?

There are footpaths which climb to solitudes
and solitude motley like markets teeming with coins
and destinies, eggs and speeches, crates and
frauds, cankers, roe, sour cream,
special contracts, mushroom sponges.

Like a great candescent bird, the sun stretched its wings
upon the street
and regiments passed over them.

Caravels, words
insinuate to infinity.

We are travelling among moon-befuddled fish,
skirting the virginities of matter.

Not always were dealings the colours of wonder.

Shadows – and someone awaited cried out.

picături de ploaie

Ultima lume.
              Stau
ca într-o piersică din care
oboseala
scoate în fiecare zi
tegumente, grimase ori stropi
de praf.
E o lună pe cer ca un marsupiu.
Voi, picături de ploaie. Eroism al infinitului.
Bolborositor ospăţ. Proaspătă
prididire
îmbrobonînd cărnurile lumii!
Vai, timp
nealterat de cunoaştere....

Dense-egale-continue
unalîngăalta
ca
nişte
ostaşi
vin să cucerească pamîntul
şi cad
la datorie
de la începutul apei
şi-al vieţii.

drops of rain

Last world.

As if

I stand in a peach
whose teguments, grimaces or drops
of dust
weariness removes.
On the sky a moon like a marsupium.

You, drops of rain. Heroic deed of infinity...
Babbling feast.   Fresh
fulfillment
sweatbeading the flesh of the world!
Woe, time
unaltered by knowledge...

Dense-equal-continous
onesidebysidetheother
like
some
men-at-arms
they come to conquer the earth
and fall
in the line of duty
from the beginning of water
and of life.

Ce oi prostuţe, cu bănuţii lînii
găuriţi de lacrimi!

Ploaie – fată subţire ca o grisină –
tu nu ai decît şansa rănii...

What silly sheep, the coins of their wool
pierced by tears.

Rain – girl as slender as a breadstick –
the only odds you have are wounds...

Tăcere

Clepsidre ori perle risipite pe lac,
stelele-n cer. Broaştele tac.
Ninge peste adîncurile lumii cu seri.
E ca şi cînd luna şi copiii
ar fi plecat din oraş pentru totdeauna.
Ninge cu adînc şi coşmare.
Iar tăcerile au gurile-amare
ca sinucigaşii.

Silence

Pearls or hourglasses strewn on the lake,
stars in the sky. The frogs hush.
Evenings snow on the deeps of the world.
The moon and the children seem
to have left town forever.
It snows deeps and nightmares.
Silences have bitter mouths
like suicides.

Sub arborii goi

Lună... Dulău...
Prin grădina cu mere,
trupul tău, trupul tău,
de-alizeu şi muiere.

Cămaşa brodată.
Carnea bolnavă.
N-a mai fost aşa lună niciodată.
Sînii ţi-ardeau ca o lavă.

Lăcomeam amîndoi.
Ne-am strigat, am băut
sub arborii goi
vinul primului rut.

De prin cerul hăţos
ca o groapă de-obuz,
venea un miros
de fîn copt şi harbuz.

Tăbărîţi – nesătuii –
unul pe altul,
sub Cloşca cu Puii
dogoream ca asfaltul.

Dogoream... O sprînceană
de nor s-a oprit.

Beneath the naked trees

Moon... Watchdog...
Through the apple garden
your shape, your shape,
of trade wind and woman.

Embroidered blouse.
The love-sick flesh.
Never such moon.
Your breasts like lava scorching.

Both ravening.
We clamoured, we drank
beneath the naked trees
first rutting's wine.

Somewhere from the ragged
shell-torn hole of sky
a smell came down
baked hay and melon.

Under the Pleiades,
we fell - unquenched -
upon each other
torrid like asphalt.

Torrid... An eyebrow
of cloud stood still.

Virană, virană,
dar ca jarul topit.

Începea un înec
sălbatec şi tîmp.
Căruţe, cum trec,
se-auzeau peste cîmp.

Şi noapte de noapte
pe braţe-n odaie
(pe sub pomii cu şoapte)
te-am dus, ca pe-o ploaie

ameţită. Duh rău
bîntuia prin unghere.
Trupul tău, trupul tău
de-alizeu şi muiere...

Şi lătra într-o doară,
pe sub luna albastră,
dulăul pe-afară
la dragostea noastră.

Vacant lot, vacant
she lay, yet living coals.

Drowning was coming
savage and stupid.
We heard in the field
horsecarts passing.

And night after night
(beneath the whispers of trees)
into the room in my arms,
a drowsy rain bore

you. Evil spirit
haunted the corners.
Your shape, your shape
of trade wind and woman...

And just to be doing it,
under the blue-tinged moon
the dog barked outside
at our lovemaking.

Xilografie

Sfinţenii păgîne cîntă pe sticlă
înaintea celor mai de dimineaţă
cuvinte.

Xylography

Pagan divinities sing on glass
before the most morning
of words.

prispa cu sfinţi de noroi

cînd ploaia ne-apuca pe cîmp şi ne uda pîn'la piele
cînd culegeam volbură, balegă, prune, greieri şi surcele
cînd mergeam la pescuit, la pus pomi sau la vînătoare
cînd veneau găzarii din Moldova cu sare
cînd jupuiam vulpile sau iepurii, cînd omoram şerpi
cînd i-am prins pe Sîsîilă cu capra şi pe Ţica în ierbi
cînd se revărsau apele, cînd strîngeam fînul, cînd au intrat
                                                    lupii ori mistreţii
(nu mai ţin minte) în grădina dintre bîlcă şi drum, a
                                                    Cuculeţii,
cînd puneam bureţi la murat ori spintecam clenii ori
                                    jumuleam sălbaticele gîşte
împuşcate-nspre toamnă, cînd cădeau cîrd sub toporişte
puii de găină – că se-apropiau nunţile – şi-ncepeau şi
                                                    fumegau cazanele
cu ţuică, de se-mbăta satul, iar dolofanele,
bulbucatele coapse de muieri se umpleau de copii ca
                                                    fagurii de miere
cînd făceam garduri de cătină şi laptele-ncepea să spere
cînd alergam prin fagi după cuiburi, prin cireşi după clei
cînd s-au aprins fîneţele ca oraşul Pompei
cînd au secat fîntînile, au murit cîinii, au rămas
                                                    neîngropaţi
răposatele femei, răposaţii bărbaţi
cînd a venit războiul, de lua oamenii şi vitele
cînd ţurţurii gheţii au împuns ca stalactitele
cînd au fost găsiţi mocîrţanii în patru labe păscînd

the porch with mud saints

when the rains caught us in the fields and soaked us to
                                        the skin
when we gathered bindweed, cowflop, plums, crickets
                                        and twigs
when we went fishing, to plant trees or to the hunt
when kerosene dealers from Moldavia brought salt
when we skinned foxes, or hares, when we killed snakes
when we caught Old Lisper, the goat and Tzica in the grass
when waters overflowed, when we gathered hay, when
                                wolves, or boars
(which was it?) broke into Cuculetze's garden between
                                the pond and the road
when we pickled mushrooms, split chubs, or plucked the
                                wild geese
shot toward fall, when flocks of chickens fell beneath the
                                axe
– weddings were coming – vats of brandy began to steam
sending the village reeling, and the women's full bulging
                                thighs
would fill with children like combs with honey
when we made fences of brambles and the milk began to
                                hope
when we climbed birches for nests and cherry trees for resin
when haystacks caught fire like the city of Pompei
when fountains dried up, the dogs died,
the dear departed men and women stayed unburied
when the war came, took the cattle and men away

prin pădure leurdă, le curgeau balele blînd
începuseră a uita să vorbească, înnebuniseră de foame,
                                        o năpîrcă
a fost scoasă din greabănul vacii lui Zîmb ori din cîrcă
supsese supsese şi se-auzeau chiţcăind
cuiburi de şoareci sub şoriciul viu al porcilor ca sub grind
unde stau răboajele, păpuşile de tutun, clonţul hultanilor,
colţii de mistreţ, ghearele de urs ori de uliu
cînd turme de şoareci intrau şi ieşeau ca suveicile anilor
treierînd peste-nnegurata legendă a lui Amuliu
cînd la guşa văii lăcrima galben-verde mogîldeaţa de plop
scorbură şi depărtare cătun cît un clop
cînd paparudele verii ţîşneau cu fiecare-mpuşcătură pe
                                        deal
cînd a curs toată noaptea uciderea mersului ideal
cînd s-a abolit umbletul cînd au stat lucrurile cînd au stat
                                        fiinţele
cînd geneza şi-a rechemat seminţele
noima, tainele, plămada, amestecîndu-le-n gînd,
                                înhumîndu-le-n coşmare
şi a început întunericul cel mare...

when icicles gored like stalactites
when the mountain-men were found on all fours grazing
meek, slavering through wild garlic groves,
grown mad with hunger, forgetting how to speak,
                                                        a viper
was pulled from the withers of Zimb's cow or from its back
it had sucked and we heard nests of mice squeaking in
                                the living lard of the pigs
as in the loft where ledgers, tobacco sheaves, vultures' beak,
boar tusks, claws of hawks and bears were kept,
when mice in flocks went in and out like shuttles of years
threshing the glooms of Amulius' legend
when in the valley's maw, the poplar blob shed
                                glaucous tears
tree-hole and distance, hamlet big as a hat
and rainmaking gypsies leaped with every shot on the hill
when night-long the murder of ideal progression flowed
when walking was annulled, when things stopped, when
                                beings stopped
when genesis called back its seeds,
its sense and secrets and its brewing clay,
confounding, thrusting them in nightmares' graves
and the great dark set in...

am pe nimeni

– Und' vă duce, domnule ?
– În grădină, somnule.
– Ce să faceţi, domnule ?
– Să mă-mpuşte, somnule.
– Că au gloanţe, domnule ?
– Că au vreme, somnule.
– Und' vă-ngroapă, domnule ?
– Sub zăpadă, somnule.
– Vă e frică, domnule ?
– Îmi e scîrbă, somnule.
– Cui să spunem, domnule ?
– Iadurilor, somnule.
– Va fi bine, domnule ?
– Va fi seară, somnule.
– Aveţi rude, domnule ?
– Am pe nimeni, somnule.
– Vreţi o cupă, domnule ?
– Cît mă costă, somnule ?
– N-are-a face, domnule.
– De otrăvuri, somnule...
– Nu vreţi cupa, domnule ?
– Sparge-o-n ţăndări,somnule !
– Să vă plîngem, domnule ?
– N-are-a face, somnule.
– Noapte bună, domnule !
– Dormi cu mine, somnule !
– Eu dorm singur, domnule.

nobody's who I have

Where are they taking you, sir?
To the garden, sleep.
To do what, sir?
To shoot me, sleep.
Because they have bullets, sir?
Because they have time, sleep.
Where will they bury you, sir?
Under the snow, sleep.
Are you scared, sir?
It turns my stomach, sleep.
Who shall be informed, sir?
The hells, sleep.
Have you relations, sir?
I own nobody, sleep.
Will it be all right, sir?
It will be evening, sleep.
Have a cup, sir?
What's it cost, sleep?
Don't bother, sir.
Of poisons, sleep...
You don't want the cup, sir?
Smashed into splinters, sleep!
Shall we grieve for you, sir?
Don't bother, sleep.
Good night, sir!
Sleep with me, sleep!
I sleep by myself, sir.

– Eu mor singur, somnule.
– Moarte bună, domnule !
– Noapte bună, somnule !

I die by myself, sleep.
Good death, sir!
Good night, sleep!

Necunoscutul ferestrelor

Mă-ntorceam de la propria mea înmormîntare.
Fusesem pus să vorbesc despre mine.
Dar am uitat unde şi am uitat cine
ieşea din ţintirim c-un ospiciu-n spinare.

Pîlcuri de flăcări. Fumega primăvara.
Spectrele caselor se lipeau de asfalt.
Era inchiziţie – ev mediu - era cald –
se destrăma soarele... băteau clopote... cădea seara...

Seara cîntau fetele vesele din Düsseldorf.
Ele şi cînd vorbeau cîntau.
Şi veneau şi plecau
amurguri amorfe, prin văzduhul amorf.

Iar oraşele... oraşele aveau părul bălai.
Am trecut pe lîngă tine, Doamne, ca pe lîngă un zid părăsit.
Veacul e atît de obosit!
Oamenii îmbătrînesc de-acasă pînă la tramvai...

Solzii crapilor ori mustăţile somnilor
or să-şi facă din noi aşternut.
Am jucat. Am pierdut.
Nu-ntrerupeţi jocurile, domnilor!

Înveşmîntat în vulturi, în mit şi minereu
(dar am uitat unde şi am uitat cine...)
venea către mine –
necunoscutul ferestrelor, luna sau eu.

The unknown to the windows

I was going home from my own burial
where I was asked to give the eulogy.
But I forgot where and who
was leaving the graveyard with a bedlam on his back.

Throngs of flames. Spring reeked.
Ghosts of houses were sticking to asphalt.
Inquisition came – the middle ages – it was hot
the sun unravelled... bells rang... evening fell...

Evenings the good-time girls of Düsseldorf sang.
Even when they talked they sang.
And amorphous sunsets came and went
through the amorphous air.

Yet the cities... the fair-headed cities.
I passed you by, Lord, like an abandoned wall.
How tired is the century!
People age between home and streetcar..

Carps' scales and catfish barbels
will make of us their pallet.
We gamed. We lost.
Do not suspend the games, gentlemen!

Dressed in vultures, in myth and ore
(but I forgot where and I forgot who)
coming toward me –
the one unknown to the windows, the moon, or I.

Tehnica obiectelor

iar ne deşteptăm
iar ne îmbrăcăm
iar intrăm în scenă
din toţi pantalonii ies toate picioarele
spectacole !   spectacole !
toate rolurile s-au jucat
să se aprindă luminile
stăm în vorbe ca-n cătuşe
să vină rolurile care nu s-au boit încă
perdelele dorm în amanţi, bicicletele dorm în picioare,
            iarba doarme în cai
ce-aveau de spus?   ce n-au spus încă?
termină, păpuşarule, termină !
nu mai am auz pentru nici o întrebare
toate lanţurile au zornăit pentru totdeauna
sub adevărul plecat
iar ne deşteptăm   iar ne îmbrăcăm
să mergem, dar să nu ajungem...

nimic nespurcat

Objects technique

again we wake up
again we dress
again on-stage
out of all trousers come all the feet
pageants!   pageants!
all the roles are played out
lights please
we are manacled in words
send in the roles not yet bedaubed
curtains sleep in lovers, bicycles sleep standing,
                              grass sleeps in horses
what did they have to say?   what have they not said?
enough, puppeteer, enough!
I don't have hearing for questions any more
all chains have jangled forever
under the gone-off truth
again we wake up   again dress
to go, but not to arrive...

nothing unbefouled

Thanatos

Morţii-au venit cu umbrela ca-n monologul interior,
ca-n reflexul condiţionat, ca-n principiul vaselor
                              comunicante;
sau cu bastonul pe umăr, zîmbind ştrengăreşte –
care-n bărci, care-n docar, care-n cărucior,
care-n chip de aversă, care cu-alură de plante;
unul cîte unul, din curiozitate, ori doi cîte doi,
să se poată uita peste umăr în jur, înainte, înapoi;
cu-o umbră, cu-o şiretenie, cu-o broască ori cu un peşte,
cu ce-a putut fiecare ori a avut mai bun.
Forfotă-n preajmă. Se adună. Se rup.
Ori iarăşi fac una. Ori se despart, c-un
excitant gust al fugii. Se-ncheagă. Se destramă.
Că deşi cu formă şi vorbe, n-au trup.
Şi cu toate că-şi spun multe, nu se-aude ce-şi spun.
Fiecare-i o lume. Şi fiecare lume-ntr-o dramă
În care-o mie de farse cu-o mie de chei
dau morţilor prilejul să chicotească-ntre ei
ascunde-o altă ipoteză. De-a lui Dante.
Ca-ntr-o colecţie de interpretări, de lumi, de variante.
Au codurile lor, capriciile, obiceiurile şi moda
lor. Iar spre umbrela oraşului literar,
fac semne c-un chioşc de îngheţată,între oda
clasică şi-avangardismul nu ştiu cărui istoric literar.
Pe lumea cealaltă-i căldut. Cînd li-i sete,
locatarii beau dintr-un şarpe-ncolăcit a simbol
pe după coapsa şi umerii cîtorva planete

Thanatos

The dead came with their umbrellas as in the interior
                                    monologue,
as in the conditioned reflex, as in the principle of
                                    communicating vessels;
or with their walking sticks on their shoulders, smiling
                                    puckishly –
some in boats, some in a buggy, some in a pram,
some as a downpour, some in the guise of plants;
one by one, out of curiosity, or two by two,
with a shadow, so they can look over their shoulder,
                                    around, ahead, behind;
with a shrewdness, a frog or a fish,
A milling about. They gather. They break apart.
One again. Or they go off again, with a
rousing zest for fleeing. They form.
For they have, in spite of shape and words, no body.
Each one is a world. And every world-in-a-drama,
in which a thousand faces with a thousand keys
give the dead a chance to giggle among themselves,
hides another state. Dante's stuff.
As if in a collection of interpretations, of words, of versions.
They have their codes, caprices, customs and their
fashions... And toward the umbrella of the literary city,
they gesture with an ice-cream kiosk, between the classical
ode and the avantgarde posture of some scribbling hysteric.
It is warmish in the other world. When they get thirsty,
the tenants drink out of a snake coiled like a symbol

ori cîtorva umbre. Tot acel gol
pe care ni-l închipuim noi, tot acel infinit
poate avea volumul unei sutimi de gămălii de chibrit
sau nici atît. Restul e un teritoriu de șotii, în care
morții intră și ies unul din altul, cu pălărioare
și trăsurile, grabiți să ajungă la timp
(ca rimele-ntr-o artă poetică) la ei în Olimp
unde-și declamă rar textele criptice – și nu-i mai înțelegi.

A fi mort e-o formă de teatru în teatru pentru regi.

around the **thig**h and shoulders of several planets
or several **shad**ows.　　All that void
we imagine, all that infinity
might have the volume of a hundredth of a match-head
or not even that. The rest is a territory of pranks where
the dead go in and out of one another, with tiny hats
and tiny coaches, in haste to get home in time
(like rhymes in an ars poetica) to Olympus
where seldom they declaim the cryptic texts - and you no
　　　　　　　　　　longer understand them.

To be dead is a form of theatre in a theatre for kings.

Vîntul şi zăpada

totul a durat
cît ne-am spus minciuni
cînd ne-am spus adevărul
se spulbera prietenia şi dragostea
rămase
un pămînt ars
dar tu spuneai adevărul chiar şi cînd minţeai
iar eu minţeam chiar şi cînd spuneam adevărul
dintr-o experienţă a zădărniciei
dintr-o zădărnicie a experienţei

doi trecători
nedumeriţi ca iubirea
    •

vîntul e de fier şi trăznet
vîntul are un joagăr   taie copacii
are un baros mare   sparge munţii
are un cnut   biciuie marea
vîntul e păcură şi crimă
    •

are putere clipa aceasta pierdută
să stăruie-n mine şi-n pătratul ferestrei.
Sunt visele la care lucrăm prin somn toată viaţa
reluîndu-le întruna. Variante ameliorate.
Sau credem a le desăvîrşi făcîndu-le în noi
ventuzelor acestea din ce în ce mai mult
loc. Speram să se sfîrşească. Ultima

The wind and the snow

everything lasted
the time we told lies
when we told the truth
friendship and love were blown away
remained
a burned earth
but you told the truth even when you lied
and I lied even when I told the truth
out of the experience of uselessness
out of the uselessness of experience

two passers-by
puzzled like love

•

the wind is iron and thunder
the wind has a bucksaw fells the trees
has a sledge hammer crushes the mountains
has a knout whips the sea
the wind is of tar and crime

•

It has power this lost instant
to insist in me and in the window square
There are dreams we work at life-long
taking them up again and again. Improved versions.
Or we think we perfect these vacuum cups
granting more and more space
to them in us. We hope it will end. The last

formă a visului să fie fără cusur.
Eroare. Nimic nu se încheie.
Oricum, oricum – nu le sfîrşim
decît odată cu propriul nostru sfîrşit.

Are putere clipa aceea pierdută...
       *

ploaia face loc din timp în timp
culorilor

sboară scurt păsările trebuinţei

dar ţinutul e orb...
       *

n-am venit să stau, am venit să plec
eu stau numai în mers
rareori cumpăr, nu-mi place să vînd
sălaşul meu sec
e plin cu de toate, ca un vers
care nu se mai termină, ca o cină
de taină pierdută... Nu ram   Nu   rădăcină –
o plămadă, un aluat, un gînd
care mă precede şi mă urmează

din munţii voştri am făcut o singurătate
mai deasă ca panura, mai deasă
ca singurătatea

form of the dream to be without fault.
Mistake. Nothing ever comes to closure.
Anyway. Anyway – we only end them
with our own end.

It has power that lost instant...

Rain makes room from time to time
for colours

the birds of exigence fly short

but the realm is blind...

I did not come to stay I came to leave
I stand still only walking
seldom I buy, I don't like to sell
my dried out dwelling place
is filled with everything, like a verse
that never stops, like a last supper
of the Mystery... Not branch   Not root –
a brewing, a dough, thought
which precedes and follows me

out of your mountains I made a solitude
thicker than freeze, thicker
than solitude

Zăpadă

Atîta puritate
mă descurajează

Snow

So much purity
discourages me

Styx

Rîul timpului urlă
Pe la ferestre cadavre

Împărţeam frigul morţii
ca pe-o raţie de pesmeţi în tranşee

De nici un lucru
sufletul meu nu se apropie

Styx

The river of time howls
At the windows corpses

We were sharing death's cold
in the trenches like a ration of hardtack

There isn't a thing
which my soul could approach

Charon

Mă despart acum de trupul meu
N-am fost sau eram   O pulbere
se scutură deasupra apelor
Pe toate lucrurile
a rămas paza greşelii de a fi

Viaţa nu s-a uitat niciodată în ochii noştri

Rănit şi cicatrizat aiurea, văzduhul.
Cruste. Sau norii cojindu-se întorc
pe dos cerul. Zboară prin aer
saltimbanci cu capetele în jos, cu picioarele
în sus ca praştia. Dintr-un călcîi de copil
izvorăşte marea.
Din mare a izvorît mitologia.
Orizontale şi verticale corăbii
umplu spaţiul dintre vocale şi valuri.
Limbajul deosebirii,
S-au prelins trandafirii pînă sub timp.

ca pe un scaun în alt scaun
mi-aşez înăuntrul oaselor
trupul ca-ntr-o valiză
înăuntrul trupului –
urme   întrebuinţare n-au

Charon

I am parting with my body now
I wasn't or I was   Dust
disperses over the waters
The error of being
remains in custody on every thing

Life never looked into our eyes.

Wounded and scarred haphazardly, the air.
Scabs. Or the peeling clouds turn
the sky inside out. Saltimbancos fly
through the air heads down, legs
up like a slingshot. Out of a child's heel
the sea wells forth.
Out of the sea mythology wells.
Horizontal and vertical ships
fill the space between vowels and waves.
The language of difference.
The roses spilled over seeping under time.

as one chair within another chair
I put inside the bones
my body as in a valise
within the body –
traces   they have no use

e carnetul
fără nici o pagină
al amneziei care începe

it is the notebook
without a single page
of incipient amnesia

Memorie

Era război şi lepră, oamenii mureau în burg
schimonosiţi, îngrozitori
ca nişte vase negre cu flori
coclite-n amurg, pe fundul apelor.

Domnii mei, domnii mei
n-am să termin niciodată de scris.
Circul meu suferă de promiscuitate dirijată
– era război şi lepră –
fiecare cal a trebuit să se nască încă o dată,
pentru că în ordinul de serviciu strecurase cineva explicaţia
"bis".

Noi aveam pactele noastre încheiate cu artificii şi compromisuri,
noi ştiam să respectăm fiecare borcan din menajerie
şi pentru fiecare tinichigerie
am declinat cîteva porţii de demnitate naţională şi cîteva
noi... paradisuri

Opriţi-vă! Trăim momente de reculegere mare.
Clipele acestea nu se uită... păstrate în formol sau în lapte de
var,–
aici şi acum, nici un sistem agrar
nu trebuie să le ignore.
Guvernul duce grijă de toate şi are preocupări, ştiţi fiecare!

Ţineam la veacul acela cu energii şi maşină

Memory

It was war and leprosy, men dying in the town
contorted, hideous
black vases of flowers
verdigrised at dusk, in the water's depths.

Gentlemen, gentlemen,
I'll never get done writing –
my circus suffers from directed promiscuity
– it was war and leprosy –
every horse had to be born a second time,
since someone had slipped into the levy the explanation:
                                        "encore".

Our pacts were being closed with artifices and compromises,
we knew to respect every jar in the exibition
and for every junkshop
we reckoned out several portions of national dignity and a
                                few new... utopias.

Everybody stop! We're living moments of great solemnity.
One can't forget such moments...preserved in formalin
                                or lime,
here and now, no agrarian system
should ignore them.
*The government sees to everything and is preoccupied, as
                                you all know!*
I was fond of that century with energy and machine,

şi-am spus:
altfel ţinuta noastră nu-i decît o minge ricoşată.
Fiecare cal trebuie să se nască încă o dată,
nasturii s-au puit, luna motorizată a expiat miros de benzină.

N-am să termin niciodată de scris...

Oamenii şi-au întins arterele în aer
ca nişte sonerii frumoase, inutile
pe urmă au aşteptat patruzeci de zile,
dar profetul nu mai avea mistere şi murise.

L-am pipăit curios ca pe-un ren:
putrezea liniştit între cocori,
Fusese ultimul bogat din muzeul acela
învîrtit pe loc de cîteva ori.

Domnii mei, vă invit la această descongestionare de gripă
şi vă ofer zăcătorile mele de apă fiartă în imobilitatea
                                                    maselor
pe care – cînd nu mi le mai pot imagina ridicate în capul
                                                    oaselor,
vis-à-vis de puşca mitralieră, această disperată femeie care-şi
                        gîtuie copiii pe cîmpuri şi ţipă –

dintr-o dată se întîmplă ceva puternic şi simplu ca o măreţie:
o femeie, un iepure, un translator, şi-un străin
leapădă timpul, capătă platoşe, se-nalţă puţin cîte puţin
(ca un fir de iarbă) şi puiendrii inimii umane învie.

Vă invit la masa de unde n-o să puteţi mînca nimic,
pentru că toate cadavrele au intrat în putrefacţie;

and I said:
if not, what we hold is just a caroming ball.
Every horse had to be born a second time,
the buttons whelped, the motorized moon gave off the smell
of gasoline.

I'll never get done writing...

Men stretched their arteries in the air
like beautiful, useless signal-bells
and then waited for 40 days
but the prophet had run out of miracles and died.

I felt for him, odd like a reindeer:
rotting quietly among cranes,
he had been the last rich man in that museum
turned several times in place.

I am inviting you, gentlemen, to this break-up of the flu
and offer you my vats of water boiled into the immobility of
the masses
whom I no longer can imagine sitting up
facing the machine gun - that desperate woman strangling
her children in the fields and screaming –

suddenly something powerful and simple like grandeur sways:
a woman, a rabbit, a translator and a stranger
shed time, grow armour, rise little by little
(like a blade of grass) and the fledglings of the human heart
revive.

I invite you to the banquet where you can't eat a thing
because all the corpses have begun to rot,

unde translatorii nu mai au ce căuta: iar ultima noastră
reacţie
rămîne netezirea acestui pîntec, desproprietărit parţial
de buric.

Mai ţin la veacu-acela-n orice caz
cu sînii lui împăiaţi murdar,
unde profetul scos din galantar
putrezea liniştit, ca o lampă de gaz.

Ce curios e hoitul în amurg !
Copiii-ntinşi pe saci în bătătură
mîncau gunoaie, cînd se ştergeau la gură –
era război şi lepră, oamenii mureau în burg.

where translators no longer have work; and our remaining
reaction
is to smoothe down this belly partially dispossessed of
its navel.

I am at any rate still fond of that century
with its dirty stuffed and mounted breasts,
where the prophet, removed from the window display,
was like a gas lamp, quietly rotting.

How curious is the carcass in the dusk!
The children stretched out on bags in the yard
were eating garbage and wiping their mouths –
it was war and leprosy, and men were dying in the town.

Mîine vine trecutul

Pentru mine nu mai e nimic tîrziu. Totul e tîrziu.
Sîngele umblă ca un metrou prin capitale.
Şi trecutul   e   peste tot   ca sîngele.
              În răsăritul rîurilor roşii
de fulgere   şi crupe   de centauri
era un fel de lumină – eu nu ştiu ce fel de lumină era.

              În ceaţă, multe lucruri sînt clare.

Tomorrow the past comes

No longer for me is there anything late. All is late.
The blood runs like a subway through capitals.
And the past   is   everywhere   like the blood.
              In the sunrise of the rivers red
with lightning   and croups   of centaurs
there was a kind of light - I don't know what kind of light
                                                    that was.

              In the fog much becomes clear.

Fîntîna

Din grădina cu fructe şi păsări aleg adjectivele
din adjective scot fluturi
din fluturi – culori
din culori, pasiuni care se cocoaţă pe căluşei de lemn
din căluşeii de lemn ies retorii şi dansatoarele
din dansatoare coboară substantive în saci, în cîrji, în propo-
                                                          ziţiuni
care c-o obsesie, care c-o abstracţie, care c-un pepene
pepenii cad pe jos
şi tot amurgul, dintr-o dată, dintr-o dată
se face verbe, adverbe, proverbe
ca o flotă pe mare
ca o flotă pe două mări
plină de sculptori, de pălării şi de civilizaţii
din care morţii scot adjective
din care adjectivele scot o grădină cu fructe şi cu păsări
                                              de aluminium
şi asta mă mîhneşte, Horaţiu.

The well

From the garden with fruit and birds I choose the adjectives
out of the adjectives I draw butterflies
out of butterflies - colours
passions that climb on merry-go-round horses
from the wooden horses out come rhetors and dancers
from the dancers step down nouns in bags, in crutches, in
                                        prepositions
some with an obsession, some with an abstraction, some
                                        with a melon
the melons fall down
and the whole dusk, at once
becomes verbs, adverbs, proverbs
like a fleet at sea
like a fleet at two seas
full of sculptors, of hats, of civilizations
out of which the dead draw adjectives
out of which the adjectives draw a garden with fruit and
                                        aluminium birds

and this saddens me, Horace.

Tîrzia din ţara vînturilor

Ţie ţi-au plăcut cîmpurile, vîntul şi apele mărilor, şi vocile,
pe mine m-au chemat ceţurile, şi ploaia, şi păsările munţilor
                                                    singuratice.
Pentru elanurile tale-au dănţuit pajişti de jar la răsărituri
                                                    sălbatice,
pentru mine au tăcut rocile.

Vorbim vorbe vechi, ne temem unii de alţii, dar nu mai vin
nicăieri (ca-n dimineaţa-n care a intrat o fată cu trandafiri
                                                    roşii)
nici Iisusul din pragul amurgului, care săruta straniu leproşii,
nici Magdalenele brune cu ochii poate ca floarea de in.

O! cînd erai mai mică decît măceşii cîmpului şi te-ascundeai
                                        prin blănile de lup,
cu părul ca o flacără neagră, îmbătător de nefiresc,
fără ca măcar să-mi închipui c-am să ajung vreodată să te
                                                    iubesc,
te-am desenat ca olarii, cu paiul de secară, mirată, pe-un
                                                    chiup.

Mai tîrziu, mai tîrziu, după ce nenumărate ne fură
                                        potecile-n lume,
după ce schimbătoarele feţe de oameni coşmarurile
                            de chipurile noastre şi-au ancorat,
singurătatea s-a-ndrăgostit de fiecare ca de-un continent
                                                    scufundat,

She who tarries in the land of winds

You liked the fields, wind, and waters of the seas, and the
                                                        voices,
I was called by the fog, by rain and lonely birds of the
                                                    mountains.
For your eagerness meadows of embers danced at savage
                                                        dawns,
for me the rocks hushed.

We speak old words, each fears the other, but they
                                            come no more
nowhere (as the morning a girl entered with roses)
neither the Jesus from the threshold of dusk who strangely
                                        kissed the lepers,
nor the dark Magdalenes with eyes perhaps blue like flax.

Oh, when you were smaller than the sweetbriar of the field,
                                    hiding in the wolf pelts,
with hair like a black flame, unreal, inebriant,
without even thinking that one day I shall love you
I drew you, with a potter's rye-straw, astonished, on a jug.

Later on, later on, after our paths through the world were
                                                    countless,
where the changing faces of men anchored their nightmares
                                                on our faces,
loneliness fell in love with us both, as if with a sunken
                                                    continent

dar dedesubt nu mai locuia nimeni şi – cenuşii –
anotimpurile atîrnau ca nişte gume.

Pe urmă, pe urmă, cînd depărtările s-au făcut ireale, undeva
între răsăriturile şi apusurile oamenilor, sus,
ne-aşteptau reculegerile ca nişte numismaţi tîrzii.
Toţi plecăm în cîte o moarte, călătorind cu cîteva bucurii
ori cu cîteva uitări despăturite peste leneşul desen larg al
spaţiilor de nespus.

De-atunci, o! de cîte ori nu te-am căutat, de cîte ori nu mi
s-a părut
că te despleteşti prin sufletul meu ca un hamac moale
către somnul din adormita gata, ca-n basm, să se scoale
cu zîmbetul în braţe ca o cîntare a cîntărilor la
zgîrietura-ntinerită pe scut.

De-atunci trupul tău ca o roză a vînturilor,
care se-ntorcea-n fiecare noapte din cîte un cîntec de
dragoste cald,
l-am ascultat fărîmîndu-se sub pelerinele de herald
din rostogolirea spre minuni a pămînturilor.

Şi sîngele tău ca un havuz,
la care poposisem ori de cîte ori mi-era sete
(o melodică zăpadă-a mieilor!), – de-atunci s-o fi prăbuşit
mătăsos din perete
peste obrajii mei uzi.

Tulburătoarele tale îmbrăţişări mi-au amintit în tranşee
poeţii,
în nestatorniciile cărora privirile ţi se luau cu văzduhul la
trîntă.

but uninhabited beneath – ash-gray – the seasons hung
                                        like rubber.

Still later, later when distances became unreal, somewhere
                        up between men's sunset and sunrise
regathering awaited us like tardy numismatists.
We all leave by one death or another, travel with a few joys
and oblivion spread over the wide indolent web of spaces
                                        beyond words.

Since then oh! how many times did I not search for you,
                how many times did it not seem to me
that like a soft hammock you untwine through my soul
toward the sleep of the waiting beauty of the legend who
                                        smiling
awakens like a song of songs at the scratch revived on
                                        the shield.

Your body like a compass rose, which would
come back each night from the warm love-song, since then,
I heard it crumble under the herald cloaks
in the tumbling of worlds toward miracles.

And your blood like a high fountain,
where I paused when I was thirsty
(oh, melodic snow of lambs!), – toppled since then from the
                                        silken wall
on my wet cheeks.

Your perturbing embraces recalled the poets to me in the
                                        trenches,
in their flux, your glances grappled with the void.

Şi multă vreme n-am mai găsit smerenia cu care zadarnic se
cîntă
stăruitoarea laudă-a frumuseţii.

Pe nesimţite ne-au acoperit frunzele şi ne-au năpădit aşchiile
pietrelor fîntînii,
unde cîndva ţîrîiau lăcustele ori dormea şarpele.

Din miresele aurului, prăfoase, harpele
au luat rînd pe rînd drumul nemărginirilor în care li se
înveşmîntaseră, odinioară, stăpînii.

O scamă stelară, o dantelă de clopoţei vaporoşi
zboară peste neterminatele depărtărilor cuvinte
şi-ţi cuprind părul împrăştiat aidoma luminii pe colibele
unui trib de eschimoşi,
iubita mea ca o efigie ştearsă de-atîtea aduceri aminte.

And for a long time I did not find the piety to sing in vain
the unfaltering praise of beauty

Insensibly we were shrouded in leaves, buried by stone
                                    chips after the other
from the fountain where once the locust chirped and the
                                    snake slept.
The harps, dusty, one after the other from perfumes of gold
took infinitude's road which once their masters wore.

Star lint, lace of diaphanous little bells
soars above the far-offness words unfinished
and I hold close your hair spread like the light on Eskimo
                                    huts,
my darling like an effigy effaced by so many rememberings.

Argument de apoi

Trec anii ca niște măgari.
Copiii s-au făcut mari –
ici un homuncul, dincolo un corci,
trec anii ca niște porci –

eu dorm într-un prooroc din Egipt...

poate că lucrurile pe care nu le-am cunoscut
sînt la fel de murdare.

Final argumentation

The years pass like donkeys.
The children have grown up –
here a homunculus, there a mongrel,
the years pass like pigs –

I sleep in a prophet from Egypt...

maybe the things I have not known
are just as dirty.

pungi cu pisici

Călătorim cu trenul şi purtăm pantaloni lungi şi călătorim
                                                    şi călătorim
şi copiii au rămas prin gări cu pantalonii lor scurţi
şi cu genunchii lor de bile peste care or să calce roţile
                                                    trenului
Scuipăm, salutăm, călătorim, rîdem,
deschidem, închidem ferestre
În pungi albastre stau visele noastre ca nişte pisici
aruncăm pungile cu pisici la picioarele unei pasarele
ori pe cîmp
ori într-o apă rîdem
şi visele ies din pungă şi-aleargă după tren
şi vine alt tren care le face zob
Din gări cumpărăm ştiri, imagini, fructe
după care ne-ascundem frica
fiindcă ne e frică să nu fim văzuţi cît sîntem de neliniştiţi
cîtă panică ducem cu noi în orice călătorie
ca nişte minciuni speriate
ca fîntînile arteziene care-şi fură singure mirajul,
          curcubeiele şi zvelteţea şi le-ntorc îndărăt,
cu toate că nu au decît atît

Şi-ntr-o dimineaţă nimerim într-o civilizaţie necunoscută
pe treptele ori pe zidurile căreia cine ştie cine şi de ce
a scris un cuvînt obscen
poate nici n-a ştiut ce-nseamnă
cuvîntul acela

bags with kittens

We ride the train and wear long pants and ride and ride
and the children in short pants are left behind in the stations,
their knees of marbles which the wheels will run over
We spit, we greet, we travel, we laugh
closing then opening windows
In blue bags are our dreams like kittens,
we throw the bags of kittens at the footing of an overpass
or onto the field
or into the river we laugh
and the dreams come out of the bag and run after the train
and another train comes and makes them pulp
We buy news, pictures, fruit in the stations
and hide our fear behind them
Because we're scared to look afraid
To show the panic we carry with us on any trip
like some scared lies
like the artesian fountains stealing their own mirage,
            rainbows and slimness, taking them back
despite their having nothing else.

And one morning we run across an unknown civilization
on its steps or wall, someone, who knows who and why,
wrote an obscene word
maybe not even knowing what
that word meant

poate că l-a scris cînd era copil
şi-avea pantaloni scurţi şi pe urmă
a plecat din acel cuvînt
şi din acea civilizaţie,
iar noi nimerim
acolo, îl citim şi-l ştergem
şi cu chipurile noastre maşinale de gheaţă ori de griş
ne pare bine că l-am şters urcăm treptele
privim salutăm scrutăm şi vedem că de fapt nu e nimeni
nicăieri nu rîde nimeni
în toată acea noua şi necunoscută civilizaţie
cu ziduri vechi
cu ierbi vechi
cu tăceri vechi

Hei, dacă-am fi ajuns mai devreme... O ! dacă-am fi ajuns
                                        mai tîrziu...
"Toţi greşim trenul" – ne spunem.
Nu-i adevărat, însă.
Cine greşeşte trenul e coborît pe drum
sau coboară el singur.
Şi cine călătoreşte fraudulos, chiar dacă a ajuns
                                        la destinaţie,
nu se află – toţi ştiu – acolo unde crede el c-a ajuns.
Nimeni nu greşeşte trenul. Nici călătorii nici controlorul.

Şi atunci, atunci punem mîna pe o cretă
şi pe treptele ori pe zidul ori în aerul acelei civilizaţii
                                        necunoscute
scriem cu atenţie la loc obscenul cuvînt pe care-l ştersesem,
ca nu cumva să fie tulburat un zeu –
şi ne retragem învăluiţi în propriul nostru ecou,
care ne conţine sau nu ne conţine   maşinali ca-ntr-o
muzică de minciuni speriate

maybe he wrote it when he was a child
and wore short pants and then
he got out of that word
and that civilization,
and we happen upon
it, we read it and erase it
and with our mechanical faces of ice or farina
we're glad we erased the word and climb the steps
We look, greet, scrutinize and see in fact no one is there
nowhere nobody laughs
in that whole new and unknown civilization
of old walls
old grasses
old silences
Hey, if only we'd just got there earlier... Oh, if we had
                                        got there later...
"We're all on the wrong train..." – we tell ourselves
But it isn't true
Whoever's on the wrong train is put off
or gets off himself.
And who swindles a ride, even if he gets where he's going
doesn't find himself – everyone knows – where he thinks
                                        he's got
No one takes the wrong train. Passengers nor conductor.

And then, then we grab a piece of chalk
and on the steps or the wall or in the air of that unknown
                                        civilization
we re-write carefully the obscene word we had erased,
not to upset a god –
we retreat wrapped up in our own echo,
which contains us or doesn't, mechanical, like a
music of scared lies

de oase de pisici zdrobite de tren
de genunchi de bile
de fanioane
de pasarele.
cu toate că nu ni se mai văd picioarele din pantalonii
noştri lungi

Şi călătorim cu trenul preocupaţi de chipurile de gheaţă
ori de griş
ale celor ce-au trecut mai înainte prin sala de aşteptare
cu pungi albastre în mîini.

of kitten bones crushed by the train
of knees like marbles
of signal flags
of overpasses,
though our legs no longer show from our long pants

And we ride the train preoccupied by the ice or farina faces
of those who have crossed the waiting-room before
holding blue bags in their hands.

Insomnie

Ce linişte stranie
e-n noi şi ce-adînc!
Somnul a venit ca un ciorchine
din care nu pot să mănînc.

Somnul a venit ca un viezure,
să mă miroasă.
Aşterne-ţi dimineţile,
zăpadă frumoasă!

Insomnia

What a strange silence
in us and how deep!
Sleep came like a grape
I cannot eat.

Sleep came like a badger,
to sniff me.
Spread out your mornings,
beautiful snow.

Îndepărtare

Prin uşa deschisă – brîu gros de umbră –
plopii izbucneau către cer.
Şi degetele-i alergau pe clape,
tremurătoare ca frunza plopului.

Paşii cuiva s-au oprit în noapte.
Din ochii ei ca fumul de ţigară,
zbură un fluture.

Timp cu coviltirul sur.

...şi am iubit-o pe femeia aceea,
care nu m-a întrebat nimic niciodată.

Recedings

Through the open door – thick cinch of shadow –
the poplars bursting toward the sky.
Her fingers running on the keys,
tremulous like poplar leaves.

Someone's footsteps halted in the night.
Out of her eyes the colour of cigarette smoke
a butterfly flew off.

Time with ash-grey wagon cover.

...and I loved that woman
who has never asked me anything.

Halucinaţie

M-au luat şi m-au executat.
Mai e liber un pat.

Priveşte şi-ascultă:
niciodată singurătatea n-a fost mai multă.

Prin ciulinii somnului,
umblă desculţă Maica Domnului.

Hallucination

They took me and shot me.
One more bed free.

Watch and listen:
never was so much solitude as this.

Through sleep's thistle,
the Mother of God walks barefoot.

Este unul care

Este unul care m-aşteaptă la marea
vieţii răscruce. Trimis.
El a început să-şi piardă răbdarea
şi să mă strige.
E plin de cîrlige
şi de inscripţii. Un scris
tulburător, căci e viu
Literele mişcă
într-un pustiu
greu desluşirii. Dar eu le-nţeleg
Îi spun c-am să vin şi nu viu
Şi universul întreg
pare o podişcă
pe care cine trece (toţi trecem...) destrămat e
Lui însuşi în palmă
solul îşi face semne ciudate
ca o lumină de sfeşnic

Ba se apropie   Ba se depărtează   Tăcere
În camera calmă
În pădurea de cuiere
pe culuoarul încolăcindu-se veşnic
la zenit în nadir
(Minunea e că nu mai sînt cu putinţă minuni)
ai venit ca ploaia de vară pintre-aluni
ca pasărea, ca fluturele, ca un fir
de iarbă din seminţele vremii

One is who

One is who waits for me at the great
junction of life.   Sent.
He has started to lose his patience
and to call me.
He is full of hooks
and inscriptions. A writing
perturbing, for it is live
The letters move
in a wasteland
tough for decoding.   But I understand them
I tell him I'm coming and I don't
And the whole universe
seems a foot-bridge
on which one who crosses (we all cross...) is unravelled
He to himself in his own palm
The messenger makes strange signs
like a light of a candleholder

Now it comes closer   Now recedes   Silence
In the calmest room
In the forest of hangers
on the corridor forever coiling
at zenith at nadir
(The miracle is that no longer are miracles possible)
you came like the summer rain through the hazels
like the bird, like the butterfly, like a blade
of grass out of the seeds of time

sau din cine ştie ce spaţii de gheaţă
din care laringe
unde-şi au sălaşul Golemii
sau din ce semi-
labirinte fără soare?
Literele mişcă sub ochii de şarpe   Sare
cineva şi le stinge
Şi le dezgheaţă

Iată-ne faţă în faţă
orbii ce văd şi văzătorii cei orbi

Două ceruri de corbi

Marile taine ne-timp şi ne-rost

Eu singur mai văd scrisul şi cel
ce m-aşteaptă de-o viaţă
începîndu-şi alfabetul cu el
strigîndu-mă cînd şi cînd plin
de cîrlige, de inscripţii cum nu mi-i
în putere s-arăt

Ape grozave cînd aţi fost ude,
că ape nu sunteţi şi nu ştiu ce-aţi fost?

Deasupra mediteranelor lumii
cel ce m-aşteaptă ca un pin
puternic, se uită-ndărăt

Şi nu mai m-aude... Şi nu mai m-aude...

or out of who knows what spaces of ice
out of what larynx
where the Golems live
or out of what semi-
labyrinths without sun?
The letters move under snake eyes.   Someone jumps
and snuffs them out
And unhooks them

Here we are face to face
the seeing blind and the unseeing seers

Two skies of ravens

The great no-time and no-sense of the secret

I alone I am seeing still the writing and the one
who waits for a lifetime
starting with himself the alphabet
calling me from time to time full
of hooks, of insertions as it is not my
powers to show

Dreadful waters when you were wet,
for waters you are not and I don't know what you were?

Above the mediterraneans of the world
the one who waits for me like a pine
powerful, looks back

And no longer hears me...And no longer hears me...

[carnea ca pîinea şi pîinea ca laptele]

Carnea ca pîinea şi pîinea ca laptele
şi din pămîntul braţelor ei la noapte le
va veni rîndul fîntînilor şi seminţelor
să izbucnească şi să mă-nfăşure-n zbor
ca tuturor plecărilor, ca tuturor fiinţelor
cărora le vine să treiere aerul   Aur uşor
şi transparent, văzduhul... Pieire subţire
şi-această inexplicabilă amintire

[the flesh like the bread and
the bread like the milk]

The flesh like the bread and the bread like the milk
and out of the earth of her arms tonight the
turn will come of the springs and of the seeds
to burst and enfold me in flight
as of all departures, as of all beings
who feel like thrashing the air   Light gold
and transparent, the space... Tenuous vanishing
and this inexplicable memory

[Ţi s-a urît, pribeagule]

Ţi s-a urît, pribeagule.

Noi monom şi-n cagule
(Un pumn de neant)
Ei – alaiul ignorant
prin stomacul veacului,
Ei: prostimea cumsecade

Lui Cezar: ce i se cade
şi restul, dracului!

[You're fed up, wanderer]

You're fed up, wanderer.

We single file and in cowl
(A fistful of void)
They – ignorant followers
through the century's stomach,
They: the decent rabble

To Caesar: his due
and the rest, to the devil!

sub dumnezeul impar

Profeţii din care ies vorbele noastre
iarba din care li se face ochilor somn
şarpele negru al izvoarelor, femeia din uşă (străină,
                                                femeia)
n-au fost pentru tine, – tristule, iubitule.
Ştiu o inimă unde începe dragostea o dată pe an
ştiu o durere pe unde intră păsările-n biserici să-ntinerească
Ştiu o vînătoare verde-n care căprioarele nu şi-au mai
                                                gǎsit inima;
cîntînd mi-auzeam iubita despre un fluviu ciudat
şi despre o-ntîmplare uitată cîntau inima, vîntul
cu regi istoviţi înseraţi în oraşe
cu feţe mărunte ieşind din pămînt
cu vorbe de moarte, os lîngă os.
Iar zările legănau şi ele, ape vechi legănau
cu poduri mari, cu mîini încolăcite
cu porturi în mers, cu ploi, cu unelte
duse-n pămînturile de departe, unde
– de lîngă inima oricui – alungaţi,
regii-n sandale au fugit din oraş
iar braţele, braţele n-au mai fluturat în cetate.

Ai putea să treci mai departe, iubita mea, ai putea să treci.

Putrezeau steaguri albe-n cîmp, putrezeau steaguri albe...
Şi inima lumii, inima mea cîntă un cîntec de moarte
povestind despre apele stranii.

under the unpaired god

The prophets from whom our words come
the grass which drugs our eyes with sleep
the black snakes of wellsprings, the woman in the doorway
                              (stranger, woman)
were not meant for you – sad one, beloved man.
I know a heart where love starts once a year
I know a pain through which birds enter churches to regain
                              their youth
I know a green hunt, where the does found their hearts no
                              more;
I heard my love, she sang of a strange stream
the heart, the wind sang a forgotten event
with weary kings sundowned in cities
with small faces coming out of earth
with words of death, bone next to bone.
And the horizons also rocked old waters, old waters
with great bridges, with twined hands
with harbours striding, with rains, with tools
vanished into far-off fields, where
– away from each one's heart – cast out,
the kings in sandals fled the city
and the arms, the arms no longer waved inside the citadel.

You could well go by, my beloved woman, you could go by.

In the field, white flags decayed, white flags decayed...
And the world-heart, my heart sang a death song
telling of strange waters.

Nimic n-a fost pentru tine, iubitule... Rugineşte
în pahar, lumina, ca un ochi la fereastră.
– Dragostea mea, nimic n-a fost pentru tine.
Os lîngă os, bătrînii înserează.

E un copil sub frunte care plînge,
e o minune în lucruri care nu se mai împlineşte.

Oaspetele negru sosit în pădure
străin a intrat, străin a privit.
Ca să se facă linişte în plante
– înţelept, falnic, amar –
noi coclim în lumina soarelui
aşijderea părului toamnei.

Ştiu o comoară în care intră şarpele o dată pe an
ştiu un cîmp de bucate prin care – dacă treci – se face
                                        frig între oameni.
Prin case de oaspeţi totdeauna intră cineva cu inel
femeia se întoarce acasă mirată
copiii se aşează în pereţi, la fel cu desenele.

Ai putea să treci mai departe, iubita mea, ai putea să treci...

Vîslesc în mine, vîslesc în singurătate,
De lîngă inima oricui,
pînă la profeţii din care ies vorbele noastre,
braţele nu mai flutură, braţele cad îndărăt
în păsările împuşcate...

Nothing was meant for you, beloved man...The light
is rusting in glass, like an eye in the window.
– My love, nothing was meant for you.
Bone next to bone, the old people are going down with
the sun.

There is a child who cries under leaves,
a miracle in things failing to come about.

The black ghost arrived in the forest
foreign he entered, foreign he gazed.
For calm to rise in plants
– wise, proud, bitter –
we turn rusty in the sunlight
like autumn's mane.

I know a trove the snake enters once a year
a grain-field where cold grows between people passing
through.
Someone with a ring always enters where guests are housed
the woman returns home amazed
the children sit down in the walls like drawings.

You could well go by, beloved woman, you could go by...

I row inside myself, I row in solitude.
From the nearness of anyone's heart,
to the prophets from whom our words come,
the arms no longer wave, the arms drop
like shot birds...

Hulă

Cînd ai să treci
pe la mine, urîto?

Uneori timpu-i cît o
iubire...

Arbori de lavă   Berbeci
de tingire
Şi, ca un fular, norul la gît –

Lasă,
c-o să fie vreme destulă, destulă,
şi să murim   şi să-nviem

Orice poem
e-o mumie frumoasă.

Blasphemy

When   are you going to drop
by, you eyesore?

Sometime time   is the size of
love...

Trees of lava   Frying pan rams
And like a scarf, the cloud round the neck –

Never mind,
we'll have lots, lots of time
to die   and to live again

every poem
is a beautiful mummy.

Cartea poemelor pierdute
(Fragment)

– Casa aceea unde-i, în care m-am născut eu?

– Ce zici? m-a întrebat mama. Şi s-a oprit (spăla rufe) din spălat. Clăbucii i-acopereu palmele şi braţele pînă aproape de coate. Erau şi dispăreau. Mă oprisem şi eu din ştersul sticlei de lampă, căci pe mine mă puneau să le şterg, erau trei, sticlele de lampă, în fiecare dimineaţă, deoarece aveam totuşi mîna mică şi-o puteam vîrî în bulbucătura sticlei ca o pară şi ca un sîn. Aplecată asupra covatei, vedeam sînii mamei. Ei erau la fel, parcă, uneori, cu sticlele acelea de lampă afumate. Fuseseră altfel? Îi înnourase timpul? Erau întrebări ale mele. N-am vorbit cu ea şi n-am descusut-o. Cum aş fi îndrăznit? Însă aşa mi se părea. Ceea ce întrebasem acum nu era totuşi ceva de ascuns. Mă preocupa şi vream să ştiu. Căci pe atunci visam uneori, cu anii, visul – acelaşi mereu şi mereu – a devenit stăruitor, des, visam o casă cu ferestrele îmbrobonate vara de iederă şi larg deschise, în proxima apropiere a unei linii ferate, un fel de casă a şefului de gară, deşi nu fusesem niciodată încă pînă la gară, eram încă mic, aveam... ce aveam?! nici patru ani, gară (vorbesc de cea din vis) în faţa căreia se oprea către prînzul mic un trenuleţ cu călători gurălivi, coloraţi şi veseli, care de la ferestrele vagoanelor îmi întindeau jucării, dulciuri, zmeie şi mingi ori alte lucruri pe care doar în acele peregrinări onirice le vedeam, realitatea pînă atunci nu mi le arătase niciodată. Ştiam că sunt. Că sunt şi că unele-s ale mele. Atît. Ale mele, căci îmi

The book of poems lost
(Fragment)

"Where is the house? The one I was born in?"
"What are you saying?" asked mother. And she stopped what she was doing (she was doing the wash). Her palms and her arms almost to the elbows were covered with suds. They were there, then they were not. I too stopped wiping the glass chimney of the lamp; they made me do this – there were three, three glass chimneys every morning – since my hand was still small and I could push it into that glass bulge which was like a pear and like a breast. As she bent over the trough I could see mother's breasts. They seemed at times like the glass chimneys of those sooty lamps. Had they ever looked different? Did time cloud them? I had these questions, I did not talk to her and I did not ferret out answers. How could I have dared? But it did seem that way to me. Still, what I had just now asked her wasn't anything secret. It preoccupied me and I wanted to know. Because around that time I sometimes used to dream; the dream, the same one over and over, became insistent, frequent with the years – I dreamed of a house, its windows dripping with ivy and wide open, near railway tracks, the kind of a house a station-master owns, even though as yet I had never been to the station, I was still small... how old? not even four; a railway station (I speak of the one in my dreams), where, around morning snack-time a little train would stop, with chatty, colourful gay travellers who would offer me toys, sweets, kites, balls, through the train windows, or other things which I could see only in these oneirical wanderings, reality

veneau în apropierea degetelor mîinii. Totuşi de atins nu le-am atins niciodată. Îmi veneau în apropierea degetelor mîinii, iar cînd trenul pleca nu cădeau, toate drăciile acelea frumoase. În loc să cadă, continuau – imponderabile – să plutească, să se îndepărteze, amestecîndu-se străveziu cu florile de dincolo de linia ferată. Şi cu mătasea porumburilor care mereu se îndrepta, spulberată către rîu: Un rîu cu care eram prieten. Cu care vorbeam. Rîul de la cîteva sute de metri depărtare. O apă limpede în marea parte a anului, însă repede încruntată, bolovănoasă, bolborositoare, lăbărţîndu-se pămîntie ori de cîte ori ploua sus la munte. În nesăbuinţa lui, atunci, rîul semăna cu focul şi se propaga nemăsurat, iuţeli bineînţeles la îndemîna stihiilor, dezrădăcinînd copacii, urnind stînci, coteţe şi colibe, transportînd grăbit şi ciorovăitor către şesuri, către mare, vite ucise, cuibare de păsări, poduri, sălbăteciuni, sălbăteciuni vii uneori şi chiar copii. Copii surprinşi de viitură. Însă copii morţi. Nu se putea sta de vorbă cu rîul, în asemenea împrejurări. Cine să judece? El nu mai era el. Devenea opac. Urla asurzitor şi nechibzuit. Făcea spume ca epilepticii. Se răstea la toţi şi la toate ca beţivii. Nu-l mai iubeam.

– Da, asta am spus, i-am repetat-o mamei: că unde-i cealaltă casă, unde m-am născut eu întîi. Eu cel de adevăratelea cu adevărat.

După o străfulgerătură, şi altele nu i-au fost vorbele, a spus:

– Îi fi chiznovat, mamă, sau căpiu. Ce-ţi veni? I aici (iar privirile ei parcă nu mai erau ale ei) te-ai izvodit şi aici trăieşti, asta este! Asta era sau nu era, am văzut-o că se uită la mine nu ştiu cum şi că-mi măsoară fiinţa, nimicura mea de vietate, însă cum avea să mi-o scoată din cap? Realitatea din mine era mai puternică. A, că visam? Dar cum aş fi putut visa ceva care nu fusese ori să-mi închipui aşa de la mine? Nu există închipuire, adică putinţă a omului să plăsmuie cu mintea ceea ce nu este, ceea

124

had never shown them to me. I knew they existed. They
existed and some of them were mine.

That was all. Mine, because they would come close to my
fingers, and when the train would leave, they did not fall, all
those beautiful tricks. Instead – imponderably – they went on
floating, receding, transparently mixed with the flowers be-
yond the tracks. And with the corn-silk which, dispersed by
the wind, kept heading towards the river. A river which was
my friend. Whom I talked with. The river a few hundred yards
away. A water limpid most of the year but quick to frown, full
of boulders and mutterings, sprawling muddily every time it
rained up in the mountains. In its recklessness, the river looked
then like fire and propagated itself unmeasured, of course
naturally at the velocities of the elements uprooting trees,
dislodging boulders, henhouses and huts, transporting to-
wards plains, toward the sea hastily and cantankerously dead
cattle, birds' nests, wild beasts alive and sometimes children.
Children surprised by the flood-crest. But dead children. Un-
der such conditions there was no talking to the river. Could it
be reasoned with? The river was no longer itself. It turned
opaque. It howled deafeningly and on impulse. It foamed at
the mouth, like epileptics. Like drunken men, it yelled at
everything and everyone. I didn't love it any longer.

"Yes, that's what I said", I repeated it to mother: "I said where's
the other house, the one I was first born in. I myself, the
really-truly one".

A lightening glance, and then, just this:

"You have to be crazy, love, or under a spell. What's got into
you? Here" (and her look wasn't her any longer) "you've been
born and here you live, that's all!" That was or wasn't all, but
I saw her eyeing me, I don't know how, and sizing up my
being, the little nought of a creature that I was, yet how could
she drive that out of my head? The reality inside me was
stronger. Ah, so I might have been dreaming? But how could

ce n-a fost, ceva făcut numai de el. Omul nu face decît să-și aducă aminte. E singura sa caznă. Unica dăruire ce i-a lăsat-o natura. Mai mult nu e în stare. Ne amintim, firește, fiecare într-o formă a sa, lucruri de departe, ale noastre sau ale altora, în care descoperiserăm părți, gesturi, lut, văzduh din noi, lucruri ce au mobilat sau puteau să mobileze trecutul. Forța unora merge mai adînc în neguri și – conservate greu de stabilit cum – zmulge de acolo ecouri, portative, cristali, așchii bizare, fluide fragmente sau zgrunțuri, sau grăunțe de amintire, povestind, scriind, în fine exprimîndu-se asupra lor în piatră, în lemn, în metal, în sunete sau culori, în optică, electricitate, acustică, mecanică ș.a.m.d.

Cine a scotocit mai intens, mai cu arheologie și acuitate; cine a reușit să sape îndărăt mai profund și fertil, să meargă mai jos cu cîteva straturi, mai sus cu cîteva aripi, să dispună de facultatea memoriei mai puțin deficitar, acela se spune că are imaginație mai puternică. Dar nu imaginație este aceasta. Imaginație n-are nimeni. Creăm ceea ce a mai fost creat. Împrospătăm forme, nu conținuturi. Cu ajutorul memoriei pe care nu se poate paria decît îndoielnic. Unii își amintesc pînă la glezne, alții pînă la umăr, alții pînă la creștet și în sfîrșit alți pînă-n nori, dacă nu și dincolo de nori. O atare îndemînare e în direct raport cu exercițiile de mii și mii de nuanțe ale flexibilității spiritului pe care întregul nostru șir ancestral de părinți nu le-au pregetat, antrenînd, zgîlțîind, împingînd la trezie și ascuțime latențele, intuițiile, virtuțile, vocațiile materialului din care suntem plămădiți toți așijderi în aparență și fiecare altfel totuși. Ca să nu mai subliniem că depinde ce fel de și cît antrenament... Agenți, emisari, scafandri abili fură, ca dintr-o fîntînă fără fund, și aduc la suprafață secvențe, înumi-nări, pete, băniueli, fisuri, presimțiri, semne, oglinzi, în fine depozite obsesive din vieți și vieți ce-or fi fost cine știe cînd,

I have dreamed it up? Imagining does not exist, man's power to invent with his mind that which is not, which has not been, something made up only by himself. Man only recalls. That is his only toil. The only way to offer himself which nature left him. He is capable of nothing more. We recall, naturally, each in his own way, from way back, our or someone else's things, where we have discovered parts, gestures, red clay, space inside us, things which have been or could have been the furniture of the past. The strength of some people goes deeper into darkness and wrenches from them preserved in a manner difficult to establish – echoes, musical staves, crystals, bizarre splinters, fluid fragments of grit, or seeds of recollections, making stories, writing, in the end expressing them in stone, in wood, in metal, in sounds or colours, in optics, electricity, acoustics, mechanics etc.

He who has rummaged more intensely, with more archaeology and acuteness, who has succeeded in digging back more deeply and fertilely, in going down a few strata, in soaring a few wings, who has recall at his disposal less deficiently – he is said to have a powerful memory, an unsafe bet. Some remember up to the ankles, others up to the elbows, others to the top of the head and, finally, others up to the clouds if not beyond. Such prowess parallels the working of myriad nuances of the flexibility of the wit, which our whole lineage did not fear to pull along, to shake, to push to awakening and sharpening the latencies, the intuitions, the virtues, the vocations of the stuff out of which we're shaped, apparently all alike and yet each different. I'm not even stressing that it depends on what kind of and how much training... Agents, emissaries, able deep-sea divers steal, as if from a bottomless well, and bring to the surface sequences, illuminations, stains, suspicions, fissures, premonitions, signs, mirrors, finally obsessive deposits of lives and lives that existed who knows when, who knows how, and which, ungenerous, send up to us – the

127

cine ştie cum şi care trimit negeneroase pînă la noi – o toartă de amforă, suspine din turn, o buză de potir, stadii ale peşterii, pergamente care tac şi tăcînd vorbesc, pietre şlefuite, rănite, roase de bătrîneţe, papirusuri cu caligrafii cvasi-indescifrabile, restul unui inel, o vînătoare preistorică, un coif lepros, o tipsie pe care s-a servit viclenie, miere şi venin, opaiţul unui sclav ori al unui rege, verigi de coliere ciudate sau lanţuri de cetate, întoarceri de pe fluvii, mări, oceane, linia cunoscută parcă a unui portret necunoscut încă, arborele din care ies călăreţi înarmaţi, culoarul fantomelor, lada cu şerpi, roate, ace, un pieptene, rigoarea unui silogism formulat în vremi de vremi, de fiecare dată mai ademenitor poate, mai elocvent poate, însă mereu pe un acelaşi schelet, burdufe, sarcofage, fluiere, fibule, besactele şi chei care adesea nu ştim la ce au folosit. Suntem nişte ţintirime ascunse, fiecare cu criptele lui, cu vieţile lui anterioare, cele mai neterminate. Deasupra noastră e pămînt multimilenar. Sigur că nu toţi ajungem la toate firidele. Şi nu toţi ne întoarcem cu o pradă la fel de bogată. Uitarea e mai puternică şi ajută higienei filozofice. Însă cu cît mai lacom ne jefuim, cu atît mai multă fantezie se cheamă că avem. Dacă n-ar fi morţii atît de zgîrciţi şi nu ne-ar îngădui aşa de arare accesul în lumea lor; dacă nu ne-ar da aşa de puţine eşantioane din grădina sau taina în care s-au adunat, apoi repede am epuiza hambarul – şi de unde să mai procuri imaginaţie?

Fără tranziţie, dar cu aceleaşi priviri ce nu i le mai întîlnisem, pentru întîia oară de cînd o cunoşteam, agaţîndu-şi silabele vocalice sau pe cele închise pe diferite rafturi într-o etajeră imaginară, mama a început a zice un cîntec despre soare. Cum că *prin lumina soarelui, către seară, / suflînd într-o foaie, / a trecut molcom un cîntec de ţară,/ c-un copil după el şi cu-o oaie.* Copilul cu pricina eram eu. Şi noi eram în tot satul cei care n-aveam decît o oaie pe care o legam, săraca, deşi era

handle of an amphora, sighs from the tower, the lip of a goblet, phases of the grotto's growth, parchments which keep silent and, keeping silent speak, polished stones, wounded, eroded by old age, papyruses with their calligraphy almost undecipherable, the remains of a ring, a prehistoric hunt, a leprous helmet, a salver on which shrewdness was served, honey and venom, the oil lamp of a slave or a king, links of a strange necklace or city chains, returns from streams, seas, oceans, the almost familiar line of a portrait still unknown, the tree out of which come armed riders, the corridor of ghosts, the crate of snakes, wheels, needles, a comb, the rigor of a syllogism but always the same skeleton, wineskins, sarcophagi, flutes, fibulae, inlaid jewel box, and keys to what we often do not know. We are secret graveyards, each with his own crypts, his earlier lives, most of them unfinished. Above us is multimillenial earth. Certainly not all of us return with equally rich loot. Oblivion is more powerful and aids in philosophical hygiene. But the more greedily we plunder ourselves, the more we say we have phantasy. If only the dead were not so mean, and would not allow us so seldom access to their world; if only they wouldn't give us so few samples from their garden or from the secret into which they have drawn themselves, then we would soon exhaust the granary – and after that where would you lay your hands on imagination?

Without transition, but with the kind of look I hadn't encountered before, for the first time since I knew her, hanging her vocalic syllables and her closed consonantal ones on the different shelves of an imaginary stand, mother began singing a song about the sun. It went: *through the sunlight toward evening/blowing into a leaf/a country song passed slowly by/and after it a child and sheep.* I was that child. And of the whole village, we were the ones who had only one sheep which, poor thing, despite her strength, we used to tie up to a stake in the canebrake. Toward sunset, my folks would send

voinică, ziua în zăvoi, de un ţăruş. Spre scăpătat, ai mei mă trimiteau, dacă n-o mîncaseră lupii, s-o aduc să doarmă acasă, după muls, că-i tăiaserăm mielul, priponită de un măr în grădină. Pînă s-o dezleg şi să urc priporul cu funia şi cu oaia, izbindu-mă (că umblam desculţ) în pietrele de pe drum, se cam însera. Şi – ori de frică ori că zbura peste locuri n-am înţeles ce fior, ştiu şi eu ce se petrecea acolo în inimă la mine – mă apucam să lălăi pe drum. De-acolo, din zăvoi, prin bolovani, tipa-lipa, sîngerînd-şchiopătînd, pînă la poartă. La poartă, se curma divertismentul. Bineînţeles, nu ştiam cînta neam. Încercări. Mama îşi dase în felul ei seama, dar nu mi-o lua în nume de rău. Lumea la sat are alte îndeletniciri, decît să observe cum behăie un copil. Acolo merge şi fără ureche muzicală, dăcă-ţi este a versui. Mai ales (parcă poţi ghici cît e fiecare de singur?) într-un cătun uitat... Aşa că de aceea, ca să nu mă rănească în încumetarea căscăundă şi nepriceperile de care mi-era plină puţinătatea mea de ţandără de om, oricum fireşte că spre a mă ocroti, spre a-mi feri gîndul de frămîntări care dacă nu împacă pe nimeni cu nimic, în schimb îi ceartă pe toţi cu toţi şi pe fiecare cu sineşi, hotărîse la ea în melancolii, la ea în melodie să spună modest "cîntec de ţară". Adică, de... mai cum se-ntîmpla, fără cine ştie ce pretenţii din partea cuiva de la un ţînc bucuros şi el că se îngîna cu tremurul apei, stelei şi vîntului ori că mintea îl îndepărtează barem pe la sfîrşitul zilei de ce tot vede şi aude în jur din zori pînă-n seară.

Dar nu era doar asta. Intuiţia ei de ţărancă neînstrăinată de natură îi şoptise că obsesiei mele magice tot magia i-ar cam afla leac, dacă i-l află. Şi ca să mă tămăduie, a recurs la cîntec. Dacă uneori cîntecul opreşte şi pornirile fiarelor, apoi asupra unui copil poate că nu se întîmplă să nu aibă nimic de spus. Şi nu s-a înşelat. Măcar pentru o clipă, nu se înşelase. Într-adevăr, casa primordială şi obsesivă s-a aburit, a fost retrasă prim-pla-

me (if the wolves had not eaten her) to bring her after milking to sleep at home, tethered to an apple tree in the garden. By the time I would untie her and climb the steep slope with rope and sheep, stubbing my feet on the rocks in the road (I was barefoot) it was getting dark. And – either because of fear, or because a shiver I couldn't understand flew over those places – did I know what was going on in my heart? – I would start to tra-la-la along the road. From there, through canebrake, across boulders, clip-clap, bleeding-limping to the gate. At the gate, the entertainment ceased. Of course, I couldn't sing, no way! Attempts, that's all. In her way, mother had realized it, but she wouldn't hold it against me. In the village, people have other things on their mind, besides listening to a child bleat. If you want to versify, you can do without an ear for music. Particularly in a forgotten hamlet (could one fathom how all by itself each one of them is?)... This is why, in her melancholic moods, in her melody, she decided, so as not to hurt me in my dumfounded boldness and ineptness, which filled up my miniscule splinter of a man – at any rate – so as to protect me, to spare my mind the frettings which, if they do not reconcile anyone with anything, they do set everyone feuding with one another and each one with himself – to call the song modestly a "country song." Meaning to say... let it be as it is, expect nothing else from a kid glad he could echo the trembling of the water, the star and the wind, or happy that his mind, at least at the end of the day, takes him far from all he sees from dawn to sunset.

But it wasn't only that. Her peasant woman's intuition, unestranged from nature, had whispered to her that for my magic obsession only magic could be any sort of cure. If song could at times daunt even the urges of beasts, for a child it would be no less telling. And she wasn't wrong. Indeed, the primordial and obsessive house clouded itself over, was withdrawn from the foreground of my awareness and, without knowing how,

nului conştiinţei şi m-am luat, fără să simt cum, după fanta cîntecului. O dată cu auzirea lui, l-am şi învăţat, iar pînă s-a aşternut noaptea nu mi-a mai trebuit altceva. Îl rosteam, îl murmuram, conţinea ceva seducător, elastic, o ameţeală, o îmbiere, un şiretlic, semăna cu jucăriile, dar nu numai. Spre deosebire de jucăriile întinse în vis, pe fereastra unui tren, de călători coloraţi; de jucăriile la care nu ajungeam niciodată, cuvintele cîntecului mi-aparţineau, intraseră ca într-un aluat în adîncul meu, erau ca şi ale mele sau chiar ale mele. Cu cît le repetam, cu atît mai acerb mi se părea că li-s de totdeauna stăpîn. Am adormit cu ele pe buze. Şi pe deasupra, eram atît de fericit că o auzisem pe mama cîntînd, ea care numai ofta, blestemîndu-se ori blestemînd păsări, lucruri, oameni, întîmplări neîntîmplate sau întîmplate pe dos. Niciodată nu cîntase pînă atunci şi niciodată n-a mai cîntat pe urmă. Iar vorbele melodiei aceleia le născocise ea de la ea, spontan, pentru mine, să-mi abată năluca de care o întrebasem: că unde-i casa cealaltă, foarte veche? Poate că în viaţa ei mută, pe care n-a împărtăşit-o cu nimeni, se petreceau năzbîtii asemănătoare, aveau loc vizite şi viziuni la fel de simbolice, grele de mister şi de tot ce tulbură fără să explice. În orice caz a înţeles şi a înţeles la repezeală, de parcă de fapt s-ar fi aşteptat să vină ziua în care s-o întreb anume ce o întrebasem şi anume în limbajul acela nou şi concomitent vechi. Poate că în acelaşi timp confidenţial. Spun *confidenţial* şi spun totuşi *poate,* de vreme ce nu i-au trebuit multe clipe nu numai ca să intre în sămînţa aiurărilor mele, dar să-i şi afle pe loc replica. Oare cu ce efort? Sau cu care din intuiţiile, din darurile zăcaşe ale făpturii sale zi de zi mai necunoscută? Adevărul e că n-am cunoscut-o, nici tata nici noi – copiii.

Peste coroanele pomilor săraci în fructe însă nu şi în frunze, peste spumele albe ce se înfoiau în albia de rufe, peste capetele

132

I followed the phantom for my song. Having heard it, I had already learned it, and by nightfall I needed nothing else. I voiced it, I murmured it, it contained something seductive, elastic, a dizziness, an invitation, a ruse; it was like the toys, but not only. Unlike the toys the colourful travellers would offer me in the dream, through the windows of a train, unlike the toys I would never reach, the words of the song belonged to me; they had sunk into depths as into dough, as if maybe mine or truly mine. The more I repeated them, the more ardently I felt I had always been their master. I fell asleep with them on my lips. And to top it all, I was so happy to hear her sing, mother who would only sigh, cursing herself, or cursing birds, things, people, events which hadn't happened or had happened inside out. She had never sung till then and she never sang again. And she had made up the words of that melody all by herself, spontaneously, for me, to ward off the figment I had asked about: where was the other house?

Perhaps in her mute life, which she never shared with anyone, similar antics happened, visits and visions just as symbolical, took place, heavy with mystery and with all which troubles without explaining. At any rate, she understood in no time, as if, in fact, she had expected the day when I would ask her what I asked, and in that language at once new and old, very old. At the same time, maybe private too. I say private and maybe – as she needed only seconds to enter the seed of my halluci-nations, to reply on the spot. But with what effort? Or with which of the intuitions of the matrix gifts of her being, daily more unknown? The truth is that we – neither father nor the children – had known her.

Over the crowns of the trees, fruit-poor but richly-leafed, over the white suds foaming in the trough, over the heads of the wondering poultry and the pallid weeds, her song sounded beautiful like the musical virginity of first snows. Hearing her I realized I was unexpectedly meeting sunlight through which

orătăniilor mirate şi ale bălăriilor pălite, cîntecul ei suna frumos ca virginitatea muzicală a primelor ninsori. Mi-am dat seama, auzind-o, că mă întîlnesc pe neaşteptate cu soarele prin care – la căderea amurgului – mă întorceam cu oaia acasă, bombănind la pietre şi lălăind cărărilor către care ducea seara. E pricina lămuritoare a faptului că am şi învăţat cuvintele acelea, de parcă le ştiusem dinainte şi acum doar abăteam pulberea de pe ele, să le arăt lumina şi, strălucitoare, să le arăt lunii. Totuşi, insistent, noaptea următoare, casa cu iederă la geam, cu geamurile deschise către linia ferată, şi trenuleţul policrom, şi călătorii cu darurile lor seducătoare, gata-gata de vîrful degetelor mele, gata-gata să le ajung, mi-a reapărut în vis aşa cum o cunoşteam, a vîslit prin sîngele eternităţii mele, pe scurt: m-am întors din nou acolo, ca tras de un resort, ca într-un foarte apărat refugiu, ca într-o altă mamă care le cuprindea pe toate femeile din foarte numerosul nostru neam.

Dimineaţa, trezit o dată cu toţi, am încercat să-mi repet însă cuvintele cînteculul de cu o zi înainte, al mamei. N-a mai fost posibil. Mă părăsiseră. La culcare erau ale mele. Stăpîneam peste farmecele lor, mi-aparţinuseră. Acum, păsări migratoare, aparţineau uitării. M-am căznit să le reconstitui din elementele lor, nu se refereau doar la un prea bogat inventar. Degeaba. Orice efort se frîngea. A fost un eşec. În loc de ceea ce însemnaseră, şi însemnaseră absolutul, ieşea un fel de pumn de hîrburi.

Ai mei plecaseră într-o fîneaţă cosită, la întors fînul. Ca să nu ne hărţuim, îl luaseră cu ei şi pe cel mic. Am tras uşa, am închis poarta şi-am pornit-o, prin ceair, către Poiana Roate. Aşa se chema fîneaţa. Cînd am trecut pe lîngă ştiubeu, m-am întîlnit cu un şarpe, cît pe-aci să-l calc, pe care l-am omorît şi l-am aninat undeva. Mărăcinii se pregătiseră a-i fi cuier. S-au speriat ai mei cînd m-au văzut, lac de apă, suind prin hîgi şi strigîndu-i.

– at dusk – I would return home with the sheep, muttering to stones and tra-la-la-ing to the evening-commanded paths. This is why I learned those words as if I had known them from the first, and now was just dusting them off to show their light, and to show them shining to the light.

Still increasingly, the following night, the house – with ivy at the window with windows open toward the railway tracks, and the polychrome little train and the travellers with their seductive gifts almost at my fingertips – reappeared as I knew it in my dream, plying through the blood of my eternity; in short: I returned there once more, as if pulled by a spring, into a very protected refuge, to another mother which contained all the women of our very prolific lineage.

Morning, up with everyone else, I tried again to say to myself the words of mother's song of the day before. It was no longer possible. They had left me. At bedtime they were mine. I lorded it over their charms; they had belonged to me. Now, migratory birds, they belonged to oblivion. Since they were not from too rich an inventory, I strove to reconstitute them from their elements. In vain. Every effort broke apart. A failure. Instead of what they had meant, and they had meant the absolute, out came a fistful of shards.

My folks had just left to turn the hay over in a mowed field. They had taken along the little one too, so we wouldn't fight. I pulled the door shut, I closed the gate and I took off for Poiana Roate. That's what the field was called. As I passed the hollowed tree-stump where water was welling up, I met a snake – almost stepped on it – which I killed and hung somewhere. The brambles stood ready to be its hanging-place. When they saw me, drenched, climbing through a rim of sparse trees and calling out to them, they got scared.

Because I kept on calling, my mother, certain that something had happened, the devil knew what, left the pitchfork in a

135

Crezînd că naiba ştie ce s-o fi întîmplat, maică-mea a lăsat furca înfiptă în polog şi a alergat la mine, care nu încetam să chem. N-a prins ea bine a mă întreba ce se întîmplase, că am şi vestit-o:

"Mamă, l-am pierdut!"

"Ce-ai pierdut?"

"Cîntecul..."

"Ce tot îndrugi? Care cîntec?"

"Ăla de ieri."

"Vrei să-mi spui şi mie despre ce vorbeşti?"

"Parcă tu nu ştii"... şi i-am adus aminte.

Într-adevar uitase? Poate. Sau poate se ferea de tata, să nu ştie ce se petrecuse. La el nu mergeau slăbiciunile duioşiei muiereşti.

– Ăla de ieri, mamă. Am venit să mi-l mai cînţi o dată.

A început să rîdă. Eu m-am învineţit la faţă. De cîntec îi ardea ei!

M-am învineţit la faţă şi mi s-au înmuiat picioarele. Iar peste alte cîteva clipe mi-a ţîşnit sîngele pe nas. Ea a rupt şi mi-a dat o frunză moale, după ce a suflat în ea, după ce a şters-o calm de praf, s-o ţin în dreptul nărilor, apoi s-a dus să ia ulciorul de apă ca să mă spele.

"Ce-i?" am auzit glasul tatei.

"Nimic, s-a zgîriat" – i-a răspuns mama.

"Mde, dacă nu se astîmpără..." a răsunat mai groasă şi mai tare vocea lui. Şi săltînd o pală de fîn, ţîşt! ţîşt! în două părţi doi şoldani, sărind peste ăla mic, au luat-o la fugă de sub iarba răsfăţată de şi la soare.

Mama s-a întors cu o frunză mai mare, m-a şters, m-a spălat, sîngele se oprise, m-a mîngîiat şi s-a uitat mult aşa la mine, drept în ochi, muşcîndu-şi nu ştiu cum, singură, buzele, dar n-a cîntat. S-a întors la tata, la furcă şi la ăla mic.

hay-mow and ran to me. Before she could even start to ask what happened I announced to her:

"Mama, I lost it!"

"What did you lose?"

"The song..."

"What are you jabbering about? What song?"

"From yesterday."

"Will you tell me what are you talking about?"

"Yes, you know"... And I reminded her. Had she really forgotten? Perhaps. Or maybe she was hiding it from father, so he wouldn't know what happened. He wouldn't put up with weak womanish soft-heartedness.

"The yesterday song, mama. I came for you to sing it to me again."

She started laughing. I got purple in the face. What could she care about a song? I got purple in the face and my knees buckled. A few seconds later blood spurted from my nose. She tore off a leaf, blew on it calmly, wiped the dust off, and gave it to me to hold against my nostrils; after that she went for the pitcher of water to wash me.

"What is it," I heard father's voice.

"Nothing, scratched himself," mother answered.

"Mm, if he won't sit still"... father's voice sounded more gruff and louder. And, upheaving a hay-pile, wish-swish, on either side, two young bunnies jumped over my little brother as they beat it out from under the grass blandished by and in the sun. Mother returned with a bigger leaf, wiped me, washed me – the blood had stopped – she caressed me and looked at me long, like that, straight in the eyes, alone, biting her lips, in some way, I don't know how, but she did not sing. She went back to father, to her pitchfork, and to the little one.

Life had no time for Freud.

I called after her:

Viaţa n-avea timp de Freud.

Eu am strigat după ea:

"Mamă, dă-mi-l înapoi! Dă-mi cîntecul îndărăt!"

Ea şi-a întors capul şi m-a privit numai o dată. Însă iar nu ştiu în ce fel şi cu ce surîs, că nici eu nu mi-am putut ţine rîsul, apoi îndemnîndu-mă să-mi iau tălpăşiţa de unde venisem, a încheiat-o pentru ea şi pentru gîndurile ei:

"Vasăzică de-ăştia-mi eşti!"

De care adică, n-am priceput. Ceea ce am priceput într-o măsură era doar că pierdusem cîntecul, primul meu cîntec pierdut, şi că nimeni nu mi-l va mai da înapoi.

De unde să ştim cum ne va fi viaţa ori cum o să-i zică armăsarului prăsit dintr-un fost ţînţar?

Exil.

Pentru ce vrem să trăim în exil?

"Mama, give it back to me! Give me back the song!"

She turned her head and looked at me only once. Again, in what way and with what kind of smile I don't know, but I couldn't keep a straight face either; then, inviting me to go home, to get lost, she finished, as if for herself and her own thoughts:

"So that's what you are!"

What I was, I didn't understand. What I did understand a little was that I lost my song, my first song, and that no one would give it back to me.

How could we know what life will turn out to be, or what things will be said to be mountains out of molehills, mosquitoes grown into stallions?

Exile.

Why do we want to live in exile?

Books by Ion Caraion

Poetry

PANOPTICON (1943)

MAN OUTLINED AGAINST THE SKY (1945)

BLACK SONGS (1947)

ESSAY (1966)

NOBODY'S MORNING (1967)

THE ONE UNKNOWN TO THE WINDOWS (1968)

ABOVE THE ABOVE (1970)

THE GRAVEYARD IN THE STARS (1970)

SELENE AND PAN (1971)

THE MOUNTAINS OF BONE (1972)

THE LEAVES IN GALAHAD (1973)

POEMS (1974)

THE MORNING THINGS (1978)

THE INTERROGATION OF THE MAGI (1978)

LOVE IS DEATH'S PSEUDONYM (1980)

THE WATER OF AFTERWARDS (1991-Posthumous, Emil Manu ed.)

Poetry for Children

MARTA (1974)

ONE EAR OF SWEETNESS AND ONE EAR OF WORMWOOD (1976)

Prose

THE TABLE OF SILENCE – A symposium of metaphors in the work of Brancuşi (1970)
DUEL WITH LILIES (1972), essays
THE ENIGMATIC NOBILITY (1974), essays
THE HATTER OF WORDS (1976), essays
BACOVIA, THE CONTINOUS ENDING (1977), essays
JOURNAL I (1980)
COMRADE HITLER'S INSECTS (1982), essays and interviews, written in exile

Translations

Edgar Lee Masters, SPOON RIVER ABTHOLOGY (1969)
FIVE SWISS POETS (1971)
Ezra Pound, CANTOS AND OTHER POEMS (1975)
AN ANTHOLOGY OF FRENCH POETRY FROM RIMBAUD TO OUR TIMES, 3 vol. (1977) with O. Crohmălniceanu
ANTHOLOGY OF AMERICAN POETRY (1979), with Petre Solomon

Other
Romanian Writers Published
by Forest Books

AN ANTHOLOGY OF
CONTEMPORARY ROMANIAN POETRY

Translated by Andrea Deletant
and Brenda Walker

A selection of work by poets, including world-famous writers such as Marin Sorescu and Nina Cassian, writing under the difficult conditions of the Ceauşescu dictatorship.

ISBN 0 950948 748   112 pages/£6.95

PIED POETS

*Contemporary Verse of the
Transylvanian & Danube Germans
of Romania*

Dual text German/English
Selected and Translated by Robert Elsie

Poetry by German minority living in Romania, many of whom fled the Ceauşescu regime.

ISBN 0 948259 77 9   208 pages/£8.95

VLAD DRACULA
THE IMPALER

A play by
Marin Sorescu

Translated by Dennis Deletant

This play by Marin Sorescu shows a ravaged land – a world full of whispers and spies; injustice and despair, where suspicion is rife. Is its ruler a martyr or a madman?

ISBN 0 948259 98 1   112 pages/£7.95

DEMON IN BRACKETS

Poems by
Maria Banuş

Translated by Dan Duţescu
Introduced by Nicolae Manolescu
Dual text Romanian/English throughout

A new selection chosen by the poet wich allows the reader to wander through a sensuous diary written from the age of twenty.

ISBN 1 85610 031 6   224 pages/£10.95

A FOREST BOOKS / ROMANIAN CULTURAL FOUNDATION PUBLICATION

THE THIRST OF
THE SALT MOUNTAIN

A trilogy of plays by
Marin Sorescu

Translated by Andrea Deletant and Brenda Walker

Marin Sorescu, one of Romania's most controversial poets and playwrights, has both the philosophic depth of Beckett and his own very special vision about the impossibility of communication in everyday life. Beckett's god is dead, Sorescu's only tired.

ISBN 0 9509487 5 6   124 pages/£6.95

CALL YOURSELF ALIVE?

*The Love Poems
of Nina Cassian*

Translated by Andrea Deletant & Brenda Walker

This selection concentrates on the love poetry of writer and composer Nina Cassian. Love is interpreted in its widest sense: not only sexual passion, but love of life, of freedom, and, in the splendidly sensuous final poem, of her own language.

ISBN 0 948259 38 8   96 pages/£6.95

SILENT VOICES

*An Anthology of
Contemporary Romanian Women Poets*

Translated by Andrea Deletant & Brenda Walker

Visual details remind us that these poems were written in Romania; but the more intimate and inwardly-focused areas of the poetry make it clear that these fourteen women have insights and experiences to share with women everywhere.

ISBN 0 948259 03 5   176 pages/£8.95

CHEER LEADER FOR
A FUNERAL

*Poems by
Nina Cassian*

Translated by Brenda Walker with Nina Cassian

New poems with her usual splendid irony.

ISBN 1 85610 013 8   96 pages/£6.95

LET'S TALK ABOUT
THE WEATHER

Poems by Marin Sorescu

Translated by Andrea Deletant & Brenda Walker

Sorescu has created a new style in Romanian poetry... his rich vein of irony and humour brought him immediate success with the critics and the public... The verse written by Sorescu is largely anecdotal in character. A direct approach, exemplified by his epigrammatic caricatures of love and death, distinguishes his work from the oblique, ornate and cerebral poetry of his contemporaries.
(*Times Literary Supplement*)

ISBN 0 9509487 8 0   96 pages/£6.95

EXILE ON A PEPPERCORN

The Poetry of
Mircea Dinescu

Translated by Andrea Deletant & Brenda Walker

Mircea Dinescu, the angry young man of contemporary Romanian poetry, has already won acclaim outside his native land through translation of his verse in France, Italy, West Germany and the USSR. He appears here for the first time in English translation showing that the problems of contemporary society have no frontiers...

ISBN 0 9482590 00   96 pages/£7.95

GATES OF THE MOMENT

by Ion Stoica

Translated by Brenda Walker & Andrea Deletant
Dual text Romanian/English

Ion Stoica is a well known and respected Romanian writer and broadcaster. His work is a good example of contemporary Romanian poetry where old and new influences are in evidence.

ISBN 1 85610 035 9   128 pages/£6.95

AS I CAME TO LONDON
ONE MIDSUMMER'S DAY

Poems by
Ion Stoica

Translated by Brenda Walker

This collection was inspired by a visit to the U.K. and surprises the reader with its original and imaginative responses to places like Trafalgar Square, Stonehenge and Hadrian's Wall.

ISBN 0 948259 63 9   32 pages/£3.95

YOUTH WITHOUT YOUTH
& OTHER NOVELLAS

by Mircea Eliade

Translated by Mac Linscott-Rickets

Mircea Eliade was a great historian of religions but he is also renowned for his fantastic prose. He spins tales like Borges with roots deep in Hoffman and the German romantics.

ISBN 0 948259 74 4   304 pages/£12.95

IN CELEBRATION OF
MIHAI EMINESCU

Poems by
Mihai Eminescu

Translated by Brenda Walker and Horia Florian Popescu

Introduced by Zoe Dumitrescu-Buşulenga
Illustrated by Sabin Bălaşa

Mihai Eminescu, 1850-1899, was considered a poetic genius, and after his short and tragic life he became known in literary circles as the last of the Romantics.

ISBN 0 948259 62 0   128 pages/£15 cloth

FANTASTIC TALES

by Mircea Eliade and Mihai Niculescu

Translated by Eric Tappe
Dual text

Strange tales out of step with time.

ISBN 0 948259 92 2

112 pages/£7.95

YOUNG POETS OF A NEW ROMANIA

Edited by Ion Stoica

Translated by Brenda Walker with Mihaela Celea-Leach
Introduced by Alan Brownjohn

A representative selection of poets under the age of forty.
"The fluid, seamless translations are a large part of the success of this anthology."
Marguerite Dorian (*World Literature Today*)

ISBN 0 948259 89 2

131 pages/£8.95

THROUGH THE NEEDLE'S EYE

Selected poems of Ion Miloş

Translated by Brenda Walker with Ion Miloş

A Yugoslav-Romanian, Miloş combines nordic strength with ironic humour.

ISBN 0 948259 61 2

96 pages/£7.95

THE TRAPPED STRAWBERRY

Selected poems of Petru Cârdu

Translated by Brenda Walker
Introduced by Daniel Weissbort

From Novisad, Cârdu writes with an enigmatic eroticism. Personal, yet universal in appeal.

ISBN 0 948259 83 3

96 pages/£6.95